写给青少年的古文观止

伊泽◎编著

第1卷 人物的印记

民主与建设出版社

·北京·

© 民主与建设出版社，2022

图书在版编目（CIP）数据

写给青少年的古文观止 . 1, 人物的印记 / 伊泽编著
. --北京：民主与建设出版社，2022.11（2023.11）
ISBN 978-7-5139-3965-2

Ⅰ . ①写… Ⅱ . ①伊… Ⅲ . ①古典散文－散文集－中
国②《古文观止》－青少年读物 Ⅳ . ① H194.1

中国版本图书馆 CIP 数据核字（2022）第 188541 号

写给青少年的古文观止 · 人物的印记
XIEGEI QINGSHAONIAN DE GUWENGUANZHI RENWU DE YINJI

编　著	伊　泽	
责任编辑	王　颂　郝　平	
封面设计	阳春白雪	
出版发行	民主与建设出版社有限责任公司	
电　话	（010）59417747　59419778	
社　址	北京市海淀区西三环中路 10 号望海楼 E 座 7 层	
邮　编	100142	
印　刷	德富泰（唐山）印务有限公司	
版　次	2022 年 11 月第 1 版	
印　次	2023 年 11 月第 5 次印刷	
开　本	880 毫米 ×1230 毫米　　1/32	
印　张	5	
字　数	75 千字	
书　号	ISBN 978-7-5139-3965-2	
定　价	228.00 元（全 5 册）	

注：如有印、装质量问题，请与出版社联系。

《古文观止》是清康熙年间吴楚材、吴调侯叔侄课业授徒时编选的一部范文读本，全书12卷，收录先秦至明末古文222篇。选文篇幅适中，难度适当，是人们学习古文和了解中国传统文化的入门读物。300多年来，《古文观止》已成为后世最流行、最通俗、最具有社会影响力，而且至今仍不失为一部有价值的古文选本。

如今，《古文观止》越来越受到老师和家长的青睐与推荐。但古文毕竟晦涩难懂，如何选到一个让小读者喜闻乐见的版本，让初学的青少年爱上古文，不会对古文望而却步并最终失去兴趣，这是我们的首要目标。

世上无难事，关键要懂得青少年的阅读习惯和心理，懂得如何高难化简、喜闻乐见，懂得如何适应现代青少年的审美需求。为此，本书的编者们结合自身学习古文时的心得，通过询问很多家长和孩子的切身感受，经过反复研讨和论证，最终确定了内容精筛、形式求变、化难为简、图文并茂的编排思路。正可谓："过程虽繁必不敢走捷径，创新维艰必不敢图省力。"这也让《写给青少年的古文观止》一书具有了新亮点。

时代总是不断前进的、变化的，《古文观止》收录文章按朝代先后为序，不免有些古板与俗套，不能完全适应新时代青少年的阅读要求，这就需要我们因时而变，适时而动，在古文编排中做到明晰内容归类。有鉴于此，编者们在《写给青少年的古文观止》一书中，将原《古文观止》中的名篇按照写人、记事、书信、写景和议论五个方面进行归类，分设《人物的印记》《历史的回响》《书信的魅力》《游记的盛宴》《论辩的艺术》五卷，打破了原作的固有体例，赋予其新的面貌和形式，这样非常有益于青少年分门类欣赏古文，领悟古文的精髓，汲取古文背后的智慧。

全书具体亮点和特征如下：

内容精湛，汇聚古代名篇精华。

对广大青少年而言，阅读《古文观止》，不仅在于涉猎和掌握其书写的内容，更在于汲取其中的精华。因此，本书在编排时，以古今流传的精彩名篇为优选，以有助于提升学习的角度为准则，做到了精挑细选，不仅有史传、论说文，还有见闻札记、山水游记、杂文小品和其他应用文，并且横跨多个朝代，总体上反映出我国古代文章绚丽多姿的面貌，使古文内容更精练、更丰富，更具可读性。

编排创新，是本书的一大突破。

阅读古文，难免会遇到难词难句，出现阅读障碍，这是很多过往版本没能很好解决的问题。为此，本书摒弃了将原文与注解、译文各自分离编排的形式，采用每段正文与译文上下并行编排、注释设置在段落之后的全新形式。这种形式的好处在于：能让青

少年快速找到注释和译文，减少了阅读的难度和时间，实现了快速阅读，有利于让他们逐渐产生乐学的情绪。除此之外，每篇文章后都设置有"深入浅出读古文"和"知识加油站"等版块。新颖独特的编排，让阅读古文更显轻松、更有趣味性。

全文注音，扫清阅读最大障碍。

《古文观止》选编的是各个朝代的优秀文章，很多文字的意义和读音历经成百上千年后，发生了很大的变化，与现代词汇相较，差异更大，古文里的字词，不同读音，意义也就不同，不能准确读出古文的读音，自然也就无法正确理解古文的真正意思。所以青少年初学往往都会觉得艰深晦涩，难读而且难懂，有鉴于此，本书参考了商务印书馆出版的《古汉语常用字字典》、北京大学出版社出版的《古文观止译注》，以及新华出版社出版的《注音详解古文观止》等，对每篇古文的标题和原文都进行了注音，彻底扫清了阅读中的障碍，使各个年龄段的青少年都能轻松准确

识读古文。

创意插图，成就本书最大亮点。

如何摆脱文字的枯燥，实现感官与精神的愉悦，是编者们追求的又一目标。为此，编者们不惜花费更多的时间和精力，精心绘制了上百幅精美插图，意在用唯美的形象解读书中的内容，通过对年龄和形象的艺术化处理，给人耳目一新的既视感。

读《古文观止》，可以了解历史、哲学、人情世故，对中国的传统文化和人文精神有新的认识。我们要读懂它、读透它，并能够在生活中运用它。完全无障碍的原文阅读、精准简练的译文注释，可以让读者在轻松阅读中，从蕴含的历经千年的中国智慧中汲取养分！

《写给青少年的古文观止》，值得一读再读！

目录

xiàng yǔ běn jì zàn
项羽本纪赞

《史记》

作者档案

> 司马迁（公元前145年—公元前90年），字子长，夏阳（今陕西韩城南）人，一说龙门（今山西河津）人。中国西汉伟大的史学家、文学家、思想家，他创作的中国第一部纪传体通史《史记》，被公认为是中国史书的典范，是"二十四史"之首。

tài shǐ gōng yuē　　　wú wén zhī zhōushēng yuē　　　　　　shùn mù gài chóng tóng

太史公曰：吾闻之周生曰，"舜目盖重瞳

太史公说：我从周生那里听说"舜的眼睛是双瞳仁"，又听说项羽

zǐ"　　　yòu wén xiàng yǔ　yì chóng tóng zǐ　　yǔ qǐ qí miáo yì ① yé

子"，又闻项羽亦重瞳子。羽岂其苗裔①邪？

也是双瞳仁。项羽莫非是舜的后代？项羽的崛起是多么迅猛啊！秦国统治昏

hé xīng zhī bào ② yě! fú qín shī qí zhèng chén shè shǒu nàn
何 兴 之 暴 ② 也！ 夫 秦 失 其 政， 陈 涉 ③ 首 难，
庸无道，陈涉是第一个向秦国发难的，随后天下的豪杰便蜂拥而起，争夺天

háo jié fēng qǐ xiāng yǔ bìng zhēng bù kě shèng shǔ rán yǔ fēi yǒu
豪 杰 蜂 起， 相 与 并 争， 不 可 胜 数。 然 羽 非 有
下，参与争夺的人多得数也数不清。项羽没有一尺一寸的地盘，只是趁势从

chǐ cùn chéng shì qǐ lǒng mǔ zhī zhōng sān nián suì jiàng wǔ zhū hóu miè
尺 寸， 乘 势 起 陇 亩 之 中， 三 年， 遂 将 五 诸 侯 灭
民间崛起，只用三年的时间，就率领五国诸侯将秦国灭了。他分割天下土地，

qín fēn liè tiān xià ér fēng wáng hóu zhèng yóu yǔ chū hào wéi bà
秦， 分 裂 天 下 而 封 王 侯， 政 由 羽 出， 号 为 "霸
分封王侯，一切政令都由他颁布，自号"西楚霸王"。他的霸主地位虽然没

wáng wèi suī bù zhōng jìn gǔ yǐ lái wèi cháng yǒu yě jí
王"。 位 虽 不 终， 近 古 以 来， 未 尝 有 也。 及
有维持多久，但他的功业，也是自古以来未曾有过的。等到项羽放弃了关中

yǔ bèi guān huái chǔ fàng zhú yì dì ④ ér zì lì yuàn wáng hóu pàn
羽 背 关 怀 楚， 放 逐 义 帝 ④ 而 自 立， 怨 王 侯 叛
之地，怀恋楚地（而回到楚国故地建都），放逐了义帝而自立为王，这时再

jǐ nán yǐ zì jīn gōng fá fèn qí sī zhì ér bù shī gǔ wèi
己， 难 矣。 自 矜 功 伐， 奋 其 私 智 而 不 师 古， 谓
埋怨诸侯们背叛自己，想成大事可就难了。他自认为战绩卓著，只想按个人

bà wáng zhī yè yù yǐ lì zhēng jīng yíng tiān xià wǔ nián zú wáng
霸 王 之 业， 欲 以 力 征 经 营 天 下， 五 年， 卒 亡
的想法行事，却不肯师法前人，一心沉醉于霸王之业，只想凭武力统治天下，

qí guó shēn sǐ dōng chéng shàng bù jué wù ⑤ ér bú zì zé guò
其 国， 身 死 东 城， 尚 不 觉 寤 ⑤， 而 不 自 责， 过
结果只有五年时间，便使国家灭亡了。他自己死在东城，但仍然不觉悟，不

yǐ nǎi yǐn tiān wáng wǒ fēi yòng bīng zhī zuì yě qǐ bù miù
矣。 乃 引 "天 亡 我， 非 用 兵 之 罪 也"， 岂 不 谬
肯反省自责，这实在是过错啊！他却说："是天要亡我，并不是我用兵的过

zǎi
哉！
错。"这岂不是太荒唐了吗！

① 苗裔：后代子孙。② 暴：突然，迅猛。③ 陈涉：即陈胜。秦末农民起义领袖。 ④ 义帝：楚怀王的孙子熊心，项羽的叔父项梁起兵时立他为楚王，项羽灭秦后尊他为义帝。⑤ 寤：通"悟"。

深入浅出读古文

　　此文选自《史记·项羽本纪》，文中叙说了西楚霸王项羽一生的功过成败，表达了作者对一代英豪的惋惜之情。

　　文章以项羽跟虞舜的眼睛都是双瞳仁写起，一是衬托项羽相貌不凡，二是暗寓他血统高贵。作者感叹项羽三年间就率领五国诸侯将秦国灭亡了，但只五年就使国家灭亡了，这也为后文做了铺垫。文末，既批评了项羽因丧失仁德而失天下，也表达了对项羽的叹惜之情。

知识加油站

四面楚歌

　　楚汉交战时，项羽的军队驻扎在垓下，兵少粮尽，被汉军和诸侯的军队四面围定。刘邦军在晚上高声唱起了楚地的歌，项羽军听到歌后都非常地伤心，以为刘邦已经平定楚地，项羽军的军心也因此被瓦解。

kǒng zǐ shì jiā zàn
孔子世家赞

《史记》

tài shǐ gōng yuē   shī   yǒu zhī   gāo shān yǎng zhǐ
太史公曰：《诗》① 有之："高山仰止②，
太史公说：《诗经》中有这样的话："高高的山岳，为人所瞻仰；

jǐng háng③ xíng zhǐ   suī bù néng zhì   rán xīn xiàng   wǎng zhī   yú
景行③ 行止。"虽不能至，然心乡④ 往之。余
宽广的大道，人们沿着它前进。"虽然我无法到达那种境界，可是内心却一

dú kǒng shì shū   xiǎng jiàn qí wéi rén   shì   lǔ   guān zhòng ní miào
读孔氏书，想见其为人。适⑤ 鲁，观仲尼庙
直向往着。每当我读着孔子的著作，可以想见他的为人。后来我到了鲁国的

táng   chē fú   lǐ qì   zhū shēng yǐ shí xí lǐ qí jiā   yú dī huí
堂、车服、礼器；诸生以时习礼其家，余低回
故地，参观了孔子的庙堂、车驾、衣服和礼器；儒生们现在还是按时在孔子

liú zhī   bù néng qù yún   tiān xià jūn wáng zhì yú xián rén zhòng yǐ
留之，不能去云。天下君王至于贤人众矣，
的家庙中演习礼仪，我徘徊流连，久久不舍离去。天下的君王乃至贤人可谓

dāng shí zé róng   mò zé yǐ yān   kǒng zǐ bù yī   chuán shí yú shì
当时则荣，没则已焉。孔子布衣，传十余世，
是很多了，他们在世的时候十分荣耀，死后就什么都没有了。孔子虽然是布

xué zhě zōng zhī　　zì tiān zǐ wáng hóu　　zhōng guó yán liù yì zhě　　zhé

学者宗之。自天子王侯，中国言六艺者，折

衣之士，但他的学说已经流传了十几代，读书人都尊崇他。上自天子、王侯，

zhōng yú fū zǐ　　kě wèi zhì shèng yǐ

中于夫子，可谓至圣矣！

中国讲说六艺的人都以孔子的学说为标准，孔子真可以说是至高无上的圣人啊！

①《诗》：即《诗经》，是中国最早的一部诗歌总集。②高山：喻高尚的德行。仰止：敬仰。③景行：大路，比喻行为正大光明。④乡：通"向"。⑤适：到。

深入浅出读古文

　　文章以"高山仰止，景行行止"为引子，引出作者对孔子的赞叹，接着从遗书、遗物、遗教等方面，表达对孔子的向往之情。此文重点写对孔子的崇敬，司马迁将"天下君王"与孔子作比对，说君王盛极一时后便湮没无闻了，与孔子受后世尊崇相对，反衬孔子的崇高地位。此文叙事含情，文情深挚，字里行间包含无限深情，读来令人心驰神往。

伯夷列传

bó yí liè zhuàn

《史记》

夫学者载籍①极博，犹考信于六艺②。

学者们涉猎的书籍虽然很多，但还是要从六经当中考察真实可信的

《诗》《书》虽缺，然虞、夏之文可知也。

记载。《诗经》《尚书》虽然残缺不全了，但是还可以从记载虞、夏的文字

尧将逊位，让于虞舜。舜、禹之间，岳牧③咸

中得知当时的情况。唐尧将要退位，让位给虞舜。舜和禹即位前，四方的诸

荐，乃试之于位。典职数十年，功用既兴，然

侯和州牧都来推荐他们，这才让他们担任职务，加以考察试用。在他们主持

后授政，示天下重器④。王者大统，传天下

事务几十年、多年的治理开始出现成效时，才正式把政权交给他们，以表明

若斯之难也。而说者曰，尧让天下于许由⑤，

天下乃最珍贵的宝器。帝王是统领天下的，所以将天下传给一个人是如此郑

xǔ yóu bú shòu   chǐ zhī táo yǐn   jí xià zhī shí   yǒu biàn suí   wù
许由不受，耻之逃隐。及夏之时，有卞随、务
重审慎啊！可是有人说，尧当时想把天下传给许由，许由不仅不接受，反而

guāng zhě   cǐ hé yǐ chēng yān   tài shǐ gōng yuē   yú dēng jī shān⑥
光者。此何以称焉？太史公曰：余登箕山⑥，
把这当成羞耻，逃走隐居了。到了夏朝的时候，又有了不接受商汤让位的卞

qí shàng gài yǒu xǔ yóu zhǒng yún   kǒng zǐ xù liè gǔ zhī rén shèng xián
其上盖有许由冢云。孔子序列古之仁圣贤
随和务光，这又该怎么解释呢？太史公说：我登上箕山，据说山上可能有许

rén   rú wú tài bó   bó yí zhī lún xiáng yǐ   yú yǐ suǒ wén
人，如吴太伯、伯夷之伦详矣。余以所闻，
由的坟墓。孔子依次排列了古代仁德圣明的贤人，如吴太伯、伯夷等一类人，

yóu   guāng yì zhì gāo   qí wén cí bù shǎo gài jiàn   hé zāi
由、光义至高，其文辞不少概见，何哉？
并且对他们都记述得很详细。我听说许由、务光的德行都是很高尚的，但是
经书里连有关他们的简略记载都见不到，这是为什么呢？

①载籍：书籍。 ②六艺：即《诗》《书》《礼》《乐》《易》《春
秋》。 ③岳：四岳，传说中尧、舜时分别掌管四方部落的四个首
领。牧：指九牧，传说中的九州之长。 ④重器：象征国家权力的
重要器物。 ⑤许由：尧时高士，相传尧打算把天下让给许由，许
由引以为耻，跑到池边去洗耳。 ⑥箕山：在今河南登封东南。

孔子曰：kǒng zǐ yuē "伯夷bó yí、叔齐shū qí，不念旧恶bú niàn jiù è，怨是yuàn shì
孔子说："伯夷、叔齐不念以往的仇怨，因而很少有怨恨。""他

用希yòng xī。" "求仁得仁qiú rén dé rén，又何怨乎yòu hé yuàn hū？"余悲伯夷yú bēi bó yí
们追求仁义，并且得到了仁义，又能有什么怨恨呢？"我感叹伯夷的意志，

之意zhī yì，睹轶dǔ yì① 诗可异焉shī kě yì yān。其传曰qí zhuàn yuē：伯夷bó yí、叔shū
看到他们遗散的诗篇，则又感到很诧异。他们的传文上说，伯夷、叔齐是

齐qí，孤竹君之二子也gū zhú jūn zhī èr zǐ yě。父欲立叔齐fù yù lì shū qí，及父卒jí fù zú，
孤竹君的两个儿子。父亲想要立叔齐为国君，等到父亲死了，叔齐要把君

叔齐让伯夷shū qí ràng bó yí。伯夷曰bó yí yuē："父命也fù mìng yě。"遂逃去suì táo qù。
位让给伯夷。伯夷说："这是父命啊！"于是他逃走了。叔齐也不肯继承君位，

叔齐亦不肯立而逃之shū qí yì bù kěn lì ér táo zhī。国人立其中子guó rén lì qí zhōng zǐ。于是伯yú shì bó
也逃走了。国人只好立孤竹君的二儿子为国君。伯夷、叔齐听说西伯昌能

夷、叔齐闻西伯昌yí shū qí wén xī bó chāng② 善养老shàn yǎng lǎo，"盍hé③ 往归焉wǎng guī yān"！
够很好地奉养老人，就想"何不去投奔他呢"！可是等到了那里才知道，

及至jí zhì，西伯卒xī bó zú，武王载木主wǔ wáng zǎi mù zhǔ④，号为文王hào wéi wén wáng，东dōng
西伯昌已经死了，他的儿子武王用车载着父亲的灵位，追尊西伯昌为文王，

伐纣fá zhòu。伯夷bó yí、叔齐叩马而谏曰shū qí kòu mǎ ér jiàn yuē："父死不葬fù sǐ bú zàng，
向东去讨伐殷纣。伯夷、叔齐勒住武王的马缰劝阻说："父亲死了不葬，

爰及干戈yuán jí gān gē，可谓孝乎kě wèi xiào hū？以臣弑君yǐ chén shì jūn，可谓仁乎kě wèi rén hū？"
就发动战争，能说是孝顺吗？作为臣子却要去杀害君王，能说是仁义吗？"

zuǒ yòu yù bīng zhī　　　tài gōng yuē　　　　cǐ　yì rén yě　　　　fú　ér qù
左右欲兵之。太公曰："此义人也。"扶而去
武王身边的人要杀掉他们。太公吕尚说："这是有节义的人啊。"于是让

zhī　　　wǔ wáng yǐ píng yīn luàn　　tiān xià zōng zhōu　　ér bó yí　　shū
之。武王已平殷乱，天下宗周，而伯夷、叔
人扶着他们离开。等到武王平定了商纣之乱，天下尽皆归顺了周朝，伯夷、

qí chǐ zhī　　yì bù shí zhōu sù　　yǐn yú shǒu yáng shān ⑤　　cǎi wēi ⑥
齐耻之，义不食周粟，隐于首阳山⑤，采薇⑥
叔齐却认为这是耻辱的事情，坚持他们的节义，不吃周朝的粮食，隐居在

ér shí zhī　　jí è qiě sǐ　　zuò gē　　qí cí yuē　　　dēng bǐ xī
而食之。及饿且死，作歌，其辞曰："登彼西
首阳山上，采摘野菜充饥。到了快要饿死的时候，作了一首歌，说："登

shān xī　　cǎi qí wēi yǐ　　yǐ bào yì bào xī　　bù zhī qí fēi yǐ
山兮，采其薇矣。以暴易暴兮，不知其非矣。
上那座西山啊，采摘山中的薇菜。以残暴去代替残暴啊，竟不知道这是错误。

shén nóng　　yú　　xià hū yān mò xī　　wǒ ān shì guī yǐ　　xū jiē cú
神农、虞、夏忽焉没兮，我安适归矣？于嗟徂
神农、虞、夏的时代都匆匆过去，哪里才是我们的归宿？唉呀，要死去了啊，

xī　　mìng zhī shuāi yǐ　　　　suì è sǐ yú shǒu yáng shān
兮，命之衰矣！"遂饿死于首阳山。
命运如此衰微了！"后来就饿死在首阳山上了。

yóu cǐ guān zhī　　　yuàn yé fēi yé
由此观之，怨邪非邪？
由此看来，他们是怨恨呢，还是不怨恨呢？

①轶：散失。　②西伯昌：周文王姬昌，商时被封为西伯，即西
方诸侯之长。　③盍：何不。　④木主：木牌位。　⑤首阳山：在
今山西永济南。　⑥薇：一种野菜。

huò yuē　　　　　tiān dào wú qīn　　cháng yǔ shàn rén　　　ruò bó
或曰："天道无亲，常与善人。"若伯
有人说："天道是没有亲疏之分的，总是帮助善良的人。"拿伯夷、

yí　shū qí　　kě wèi shàn rén zhě fēi yé　　jī rén jié xíng rú cǐ ér
夷、叔齐，可谓善人者非邪？积仁洁行如此而
叔齐这样的人来讲，应该算是善良的人呢，还是不算呢？他们这样积累仁德、

è sǐ　　qiě qī shí zǐ zhī tú　　zhòng ní dú jiàn yán yuān wéi hào xué
饿死！且七十子之徒，仲尼独荐颜渊为好学。
品行高洁的人，却最终饿死！在孔子七十二名得意的学生中，只有颜回被孔

rán huí yě lǚ kōng　　zāo kāng bú yàn　　ér zú zǎo yāo　　tiān zhī bào shī
然回也屡空，糟糠不厌，而卒蚤夭。天之报施
子推崇为最好学的人，然而颜回穷困缠身，连糟糠都吃不饱，终于过早地去

shàn rén　　qí hé rú zāi　　dào zhí①　　rì shā bù gū　　gān rén zhī
善人，其何如哉？盗跖①日杀不辜，肝人之
世。上天对于好人的报施，又是怎样的呢？盗跖整日杀害无辜的人，吃人心

ròu　　bào lì zì suī②　　jù dǎng shù qiān rén　　héng xíng tiān xià　　jìng
肉，暴戾恣睢②，聚党数千人，横行天下，竟
肝，残暴凶狠，为所欲为，并且聚集党羽数千人，横行天下，竟得以长寿而

yǐ shòu zhōng　　shì zūn hé dé zāi　　cǐ qí yóu dà zhāng míng jiào zhù zhě
以寿终，是遵何德哉？此其尤大彰明较著者
终，这是遵循的什么道德呢？这是极为典型的例子。至于说到近代，那些操

yě　　ruò zhì jìn shì　　cāo xíng bù guǐ　　zhuān fàn jì huì　　ér zhōng shēn
也。若至近世，操行不轨，专犯忌讳，而终身
行不轨、专门违法犯禁的人，却能终身安逸享乐，财富丰厚，世世代代都吃

yì lè　　fù hòu lěi shì bù jué　　huò zé dì ér dǎo zhī　　shí rán hòu
逸乐，富厚累世不绝。或择地而蹈之，时然后
用不尽。有的人选好地方才肯迈步，找好时机才肯说话，走路不敢经由小径，

chū yán　　xíng bù yóu jìng　　fēi gōng zhèng bù fā fèn　　ér yù huò zāi
出言，行不由径，非公正不发愤，而遇祸灾
不是公正的事决不尽力去做，而这样的人中遭遇祸灾者，数不胜数。我深感

者，不可胜数也。余甚惑焉，傥所谓天道，
困惑，倘若有所谓的天道，那么这是天道呢，还是不是天道呢？

是邪非邪？

子曰："道不同，不相为谋。"亦各从
孔子说："主张不同，不必相互磋商。"说的也是各人按各人的意

其志也。故曰："富贵如可求，虽执鞭之士，
志行事罢了。所以他又说："假如富贵是可以寻求的，即使做个赶车的人，

吾亦为之。如不可求，从吾所好。""岁寒，
我也愿意；假如寻求不到，那还是依从自己的爱好吧。""天冷以后，才知

然后知松柏之后凋。"举世混浊，清士乃见。
道松、柏是最后凋落的。"整个社会都混乱污浊的时候，品行高洁的人才会

岂以其重若彼，其轻若此哉？
显露出来。这难道不是因为高洁之士把富贵看得如此之轻，而鄙视有的人把
富贵看得那么重吗？

①盗跖：相传为古时奴隶起义的领袖。②恣睢：放肆行凶。

"君子疾没世而名不称焉。"贾子①
孔子说："君子所怕的是死后名声不被人称道。"贾谊说："贪财的

曰："贪夫徇财，烈士徇名，夸者死权，众
人为财而死，重义的人为名节献身，夸耀权势的人为争权而丧生，平民百姓则

庶冯②生。"同明相照，同类相求。"云从
重视生存。"同样明亮的东西，就会相互映照此应求。"云从龙，风从虎，

龙，风从虎，圣人作而万物睹。"伯夷、叔齐
圣人兴起，而世间万物都会随之兴起。"伯夷、叔齐虽然贤德，但得到孔子的

虽贤，得夫子而名益彰；颜渊虽笃学，附骥尾
赞颂，名声才愈加显著；颜回虽然专心好学，也只是因为受到孔子的提携，德

而行益显。岩穴之士③，趋舍④有时，若此类
行才更加显著。山林隐逸之士，时而入仕，时而退隐，像这样的人如果名声湮

名堙灭⑤而不称，悲夫！闾巷之人，欲砥行立
没而得不到称扬，多可惜啊！普通的百姓想要砥砺德行，树立名声，如果不依

名者，非附青云之士，恶能施⑥于后世哉！
附德高望重的人，怎么能扬名后世呢！

①贾子：指西汉初期政论家、文学家贾谊。②冯：通"凭"，仗恃，
这里有贪求的意思。③岩穴之士：指山林隐逸之士。④趋：进取。
舍：退止。⑤堙灭：埋没。⑥施：延续。

深入浅出读古文

伯夷是商末孤竹君的长子。他最初辅佐商纣王，但是商纣暴虐，滥杀无辜，伯夷为了避难就离开了朝廷。伯夷听说姬昌治理下的西岐安定富足，就前去投奔。后来，姬昌死，其子武王即位，灭掉了商朝。伯夷认为臣子伐君不义，就和叔齐隐居首阳山，不吃周朝的粟米，结果双双饿死。

司马迁通过写伯夷、叔齐让国之美、宁肯饿死而不食周粟的事情，对两兄弟的高尚德行和铮铮骨气进行了赞扬。同时也对天道赏善罚恶的报应论，提出了大胆的怀疑，揭示了天道与人事相违背的现实。

全文结构疏密层叠，纵横变化。文章以孔子的言辞作为主线，中间简短夹叙了伯夷、叔齐耻食周粟、采薇而食的事迹，同时以许由、务光、颜渊的事迹作为陪衬，从而表现了伯夷、叔齐清风高节的崇高品格。全书赞论很多，前后呼应，达到了引人入胜、引发读者共鸣的目的。

知识加油站

成语词汇

以暴易暴：用残暴势力代替残暴势力，指统治者换了，暴虐的统治没有改变。（选自文句："以暴易暴兮，不知其非矣。"）

暴戾恣睢：形容凶残横暴，想怎么干就怎么干。（选自文句："盗跖日杀不辜，肝人之肉，暴戾恣睢，聚党数千人，横行天下，竟以寿终，是遵何德哉？"）

guǎn yàn liè zhuàn
管晏列传

《史记》

guǎn zhòng ① yí wú zhě　　yǐng shàng rén yě　　shào shí cháng yǔ bào
管仲①夷吾者，颍上人也。少时常与鲍
管仲名叫夷吾，颍上人。少年的时候，他常和鲍叔牙交游，鲍叔知

shū yá ②　yóu　　bào shū zhī qí xián　　guǎn zhòng pín kùn　　cháng qī bào
叔牙②游，鲍叔知其贤。管仲贫困，常欺鲍
道管仲贤良。管仲家境贫困，常常占鲍叔牙的便宜，鲍叔牙却始终大方厚道

shū　　　bào shū zhōng shàn yù zhī　　bù yǐ wéi yán　　yǐ ér bào shū shì
叔，鲍叔终善遇之，不以为言。已而鲍叔事
地待他，从不提起这类事。后来鲍叔牙去侍奉齐国公子小白，管仲则去侍奉

qí gōng zǐ xiǎo bái ③　　guǎn zhòng shì gōng zǐ jiū ④　　jí xiǎo bái lì
齐公子小白③，管仲事公子纠④。及小白立
了齐国的公子纠。等到小白被立为齐桓公，公子纠被杀死，管仲则成了阶下囚。

wéi huán gōng　　gōng zǐ jiū sǐ　　guǎn zhòng qiú yān　　bào shū suì jìn guǎn
为桓公，公子纠死，管仲囚焉。鲍叔遂进管
鲍叔牙于是向齐桓公举荐了管仲。管仲得到齐桓公的重用以后，在齐国执政，

zhòng　　guǎn zhòng jì yòng　　rèn zhèng yú qí　　qí huán gōng yǐ bà　　jiū
仲。管仲既用，任政于齐，齐桓公以霸，九
齐桓公因为他的辅佐而称霸诸侯，曾经九次召集诸侯会盟，匡正天下的秩序，

hé zhū hóu　　yì kuāng tiān xià　　guǎn zhòng zhī móu yě

合诸侯，一匡天下，管仲之谋也。

这些都是管仲的谋略啊。

① 管仲：春秋初期的政治家，辅佐齐桓公成为春秋五霸之一。② 鲍
叔牙：春秋时齐国大夫，以知人著称。③ 公子小白：即齐桓公。
④ 公子纠：齐襄公之弟。曾与公子小白争夺君位，最后失败。

guǎn zhòng yuē　　　　wú shǐ kùn shí，cháng yǔ bào shū gǔ ①

管仲曰："吾始困时，尝与鲍叔贾①，

管仲说："我当初贫困的时候，曾经和鲍叔牙一起经商，分财取利

fēn cái lì duō zì yǔ　　bào shū bù yǐ wǒ wéi tān　　zhī wǒ pín yě

分财利多自与，鲍叔不以我为贪，知我贫也。

时总是多拿一些，鲍叔牙却不认为我贪婪，他知道我家境贫困啊。我曾经为

wú cháng wèi bào shū móu shì ér gèng qióng kùn　　bào shū bù yǐ wǒ wéi

吾尝为鲍叔谋事而更穷困，鲍叔不以我为

鲍叔牙出谋划策，反而弄得他更加穷困，鲍叔牙却不认为我愚蠢，他知道时

yú，zhī shí yǒu lì bú lì yě　　wú cháng sān shì sān jiàn zhú yú jūn

愚，知时有利不利也。吾尝三仕三见逐于君，

机有有利与不利之分啊。我曾经多次入仕，多次都被君王驱逐，鲍叔牙却不

bào shū bù yǐ wǒ wéi bú xiào　　zhī wǒ bù zāo shí yě　　wú cháng sān

鲍叔不以我为不肖，知我不遭时也。吾尝三

认为我不成器，他知道我没有赶上好的时机啊。我曾经多次作战，多次当了

zhàn sān zǒu　　bào shū bù yǐ wǒ wéi qiè　　zhī wǒ yǒu lǎo mǔ yě　　gōng

战三走，鲍叔不以我为怯，知我有老母也。公

逃兵，鲍叔牙却不认为我是懦夫，他知道我有年迈的老母啊。公子纠失败以

zǐ jiū bài，shào hū ② sǐ zhī，wú yōu qiú shòu rǔ，bào shū bù yǐ

子纠败，召忽②死之，吾幽囚受辱，鲍叔不以

后，召忽为他自杀，我则被囚禁，蒙受耻辱，鲍叔牙却不认为我没有廉耻之

wǒ wéi wú chǐ　　zhī wǒ bù xiū xiǎo jié ér chǐ gōngmíng bù xiǎn yú tiān xià
我为无耻，知我不羞小节而耻功名不显于天下
心，他知道我不会因为没有坚守小的节操而感到羞耻，而会因功名不能显扬

yě　　shēng wǒ zhě fù mǔ　　zhī wǒ zhě bào zǐ yě
也。生我者父母，知我者鲍子也。"
天下而感到耻辱啊。生我的人是父母，懂得我的是鲍叔牙啊。"

①贾：指经商。②召忽：齐人，与管仲一起辅佐公子纠，公子纠
争夺君位失败后，召忽自杀。

bào shū jì jìn guǎn zhòng　　yǐ shēn xià zhī　　zǐ sūn shì lù yú
鲍叔既进管仲，以身下之。子孙世禄于
鲍叔牙既已举荐了管仲，自己甘愿位处管仲之下。他的子孙终生都

qí　　yǒu fēng yì zhě shí yú shì　　cháng wéi míng dà fū　　tiān xià bù duō
齐，有封邑者十余世，常为名大夫。天下不多
享受齐国的俸禄，封邑的就有十多代，并且很多都是很有名望的大夫。天下

guǎn zhòng zhī xián ér duō bào shū néng zhī rén yě
管 仲之贤而多鲍叔能知人也。
人不称赞管仲的贤能，却常常称赞鲍叔牙能够知人。

guǎn zhòng jì rèn zhèng xiàng qí　　yǐ qū qū zhī qí zài hǎi bīn
管仲既任政相齐，以区区之齐在海滨，
管仲既已执政做了齐相，就使齐国这个在东海之滨的小小国家，流

tōng huò jī cái　　fù guó qiáng bīng　　yǔ sú tóng hào wù　　gù qí chēng
通货积财，富国强兵，与俗同好恶，故其称
通货物，积累财富，走上了富国强兵之路。他与百姓同好恶，所以他说："粮

曰："仓廪实而知礼节，衣食足而知荣辱，上

仓充实了，老百姓才能懂得礼节；衣食丰足了，老百姓才能懂得荣辱；君王

服度则六亲固。四维①不张，国乃灭亡。下令

能以身作则地遵守法度，内外亲戚才能团结无异心。礼、义、廉、耻不能彰

如流水之源，令顺民心。"故论卑而易行。俗

明，国家就要灭亡。颁布政令要像流水的源头，让它顺应民心地流出。"所

之所欲，因而予之；俗之所否，因而去之。

以管仲的主张简单而易于推行。百姓需要的东西，就爽快地给予他们；百姓
不需要的东西，就顺应民意舍弃。

①四维：古代指礼、义、廉、耻四种道德准则。

其为政也，善因祸而为福，转败而为

管仲为政，最善于把祸害转化为福事，把失败转化为成功。他非常

功。贵轻重，慎权衡。桓公实怒少姬①，南袭

重视事情的轻重缓急，能谨慎地权衡各方面的利害得失。齐桓公实际上是怨

蔡，管仲因而伐楚，责包茅不入贡于周室。

恨改嫁了的少姬的，于是南下袭击蔡国，管仲却趁这个机会征讨楚国，责备

桓公实北征山戎，而管仲因而令燕修召公②

楚国未向周天子进贡包茅。桓公实际上是想北伐山戎，而管仲趁这个机会要

zhī zhèng yú kē zhī huì huángōng yù bèi cáo mò zhī yuē guǎn zhòng
之政。于柯之会，桓公欲背曹沫之约③，管仲
求燕国恢复召公的政令。在柯地的盟会上，桓公想要背弃和曹沫订下的归还

yīn ér xìn zhī zhū hóu yóu shì guī qí gù yuē zhī yǔ zhī wèi
因而信之，诸侯由是归齐。故曰："知与之为
所占鲁国土地的盟约，管仲却趁这个机会履行它而树立威信，诸侯因此归服

qǔ zhèng zhī bǎo yě
取，政之宝也。"
齐国。所以说："要懂得给予就是索取的道理，这是治理国家的法宝啊。"

①少姬：桓公的夫人。她曾经与桓公戏于船中，因为摇晃船只惊
吓到了桓公，桓公生气，打发她暂时回到娘家蔡国。蔡国命少姬
改嫁，桓公听闻后大怒，于是起兵伐蔡。②召公：又称召康公，
曾经辅佐武王灭商，后受封于蓟。③曹沫之约：齐桓公与鲁庄
公会盟于柯。其时齐军已大败鲁军，但在会盟上，桓公被鲁国
武士曹沫以匕首相逼，不得已，只好答应归还已经占领的鲁国
土地。

guǎn zhòng fù nǐ yú gōng shì yǒu sān guī fǎn diàn qí
管仲富拟于公室，有三归、反坫①，齐
管仲的财富可以和国君相比，有三归高台，有国君的宴饮设备，

rén bù yǐ wéi chǐ guǎn zhòng zú qí guó zūn qí zhèng cháng qiáng yú
人不以为侈。管仲卒，齐国遵其政，常强于
但齐国人不认为他奢侈。管仲死后，齐国仍然遵行他的政令，因此一直比

zhū hóu
诸侯。
其他诸侯国强大。

① 反坫：设于堂中供祭祀、宴会时放礼器和酒具的土台，按"礼"只有诸侯才能有，管仲是大夫，不应享有。

hòu bǎi yú nián ér yǒu yàn zǐ yān　　　yàn píng zhòng yīng zhě　　lái
后百余年而有晏子焉。晏平仲婴者，莱①
管仲去世一百多年后，齐国又有了晏子。晏平仲，名婴，莱地夷维人。

zhī yí wéi　rén yě　　shì qí líng gōng　zhuāng gōng　　jǐng gōng　　yǐ jié
之夷维②人也。事齐灵公、庄公、景公，以节
他侍奉过齐灵公、齐庄公、齐景公，因为节俭朴素和果断干练而被齐国人尊

jiǎn lì xíng zhòng yú qí　　jì xiàng qí　　shí bù chóng ròu　　qiè bú yì
俭力行重于齐。既相齐，食不重肉，妾不衣
崇。他担任齐国相国之后，吃饭没有两样肉菜，姬妾不穿绸缎。他在朝廷上，

bó　　qí zài cháo　　jūn yǔ jí zhī　　jí wēi yán　　yǔ bù jí zhī
帛。其在朝，君语及之，即危言；语不及之，
齐君只要有话问他，他就会直言相告；如果没问他什么，他就严肃认真地履

jí wēi xíng　　guó yǒu dào　　jí shùn mìng　　wú dào　　jí héng mìng　　yǐ
即危行。国有道，即顺命；无道，即衡命。以
行自己的职责。国君治理有方、为政清明，他就服从命令；国君治理无方、

cǐ sān shì xiǎn míng yú zhū hóu
此三世显名于诸侯。
为政昏乱，他就权衡利弊才决定是否去履行。因此他连续三朝都名扬于诸侯。

① 莱：古国名。② 夷维：今山东高密。

越石父^①贤，在缧绁^②中。晏子出，遭

越石父很贤明，却被囚禁了。晏子外出，在路上遇到他，晏子就解

之途，解左骖^③赎之，载归。弗谢，入闺，久

下车子左边的马，把他赎了出来，用车子载着他一同回家。晏子没有向越石

之。越石父请绝，晏子戄^④然，摄衣冠谢曰：

父告辞，就进入了内室，许久不出来。越石父见此情形，便请求绝交。晏子

"婴虽不仁，免子于厄，何子求绝之速也？"

十分吃惊，他整理衣冠，出来向越石父道歉说："晏婴虽然不仁德，但毕竟

石父曰："不然，吾闻君子诎^⑤于不知己而信^⑥

把您从危难中解救了出来，为什么您这么快就要同我绝交呢？"越石父说：

于知己者。方吾在缧绁中，彼不知我也。夫子

"您这样说不对，我听说君子在不了解自己的人那里受委屈，而被知己信任

既已感寤而赎我，是知己；知己而无礼，固不

亲近。我被囚禁时，那些人是不了解我的。您既然明白我的为人，把我赎了

如在缧绁之中。"晏子于是延入为上客。

出来，那就是知己了；是我的知己却对我无礼，那我不如仍旧被拘禁。"晏
子于是请他进座并把他奉为上宾。

①越石父：齐国的贤人。②缧绁：拘系犯人的绳索，此指囚禁。
③骖：驾车时在两边的马。④戄：惊异的样子。⑤诎：通"屈"。
⑥信：通"申"。

晏子为齐相，出，其御①之妻从门间而窥
晏子做齐国相国的时候，一次出门，车夫的妻子从门缝里偷看丈

其夫。其夫为相御，拥大盖，策驷马②，意气
夫。她的丈夫给相国驾车，坐在大大的伞盖之下，赶着四匹马，神气十足，

扬扬，甚自得也。既而归，其妻请去。夫问其
甚是自得。等车夫回来以后，他的妻子就说要离开他。丈夫问她缘故，

故，妻曰："晏子长不满六尺，身相齐国，
妻子说："晏子身高不足六尺，却身为齐国的相国，名扬于诸侯。今天

名显诸侯。今者妾观其出，志念③深矣，常有
我看他出门时，思虑深远，还时常露出甘居人下的谦逊表情。而你身高

以自下者。今子长八尺，乃为人仆御。然子之
八尺，只是一个给人家赶车的，但看你流露出的心意却甚为满足，所以

意自以为足，妾是以求去也。"其后夫自抑损④，
我要求离开。"从此以后，她的丈夫就常常注意，变得克制、谦卑起来。

晏子怪而问之，御以实对。晏子荐以为大夫。
晏子奇怪车夫的变化，就问他原因，车夫将实情告诉了他，晏子便荐举
他做了大夫。

①御：这里指驾车的车夫。②驷马：拉同一辆车的四匹马。③志念：
思考。④抑损：自我克制，谦卑。

tài shǐ gōng yuē　　wú dú guǎn shì　《mù mín》　《shān gāo》
太史公曰：吾读管氏《牧民》《山高》
太史公说：我读了管子的《牧民》《山高》《乘马》《轻重》《九府》

chéng mǎ　　qīng zhòng　　jiǔ fǔ　　jí　yàn zǐ chūn qiū ①
《乘马》《轻重》《九府》及《晏子春秋》①，
以及《晏子春秋》等著作，其中的叙述可谓是非常详尽的了。我既已看过他

xiáng zāi qí yán zhī yě　jì jiàn qí zhù shū　yù guān qí xíng shì　gù
详哉其言之也。既见其著书，欲观其行事，故
们所著的书，就想知道他们日常是如何行事的，所以编写了他们的传记。至

cì qí zhuàn　zhì qí shū　shì duō yǒu zhī　shì yǐ bú lùn　lùn qí
次其传。至其书，世多有之，是以不论，论其
于他们的著作，世上有很多，因此不去论述，只论述他们的轶事。

yì shì
轶事。

①《牧民》《山高》《乘马》《轻重》《九府》：均为《管子》中的篇名；《晏子春秋》：又称《晏子》，是记载春秋时期齐国政治家晏婴言行的一部历史典籍，书中记载了很多晏婴劝告君主勤政、不要贪图享乐以及爱护百姓、任用贤能和虚心纳谏的事例。

guǎn zhòng　shì suǒ wèi xián chén　rán kǒng zǐ xiǎo zhī　qǐ yǐ
管仲，世所谓贤臣，然孔子小之。岂以
管仲是世人所说的贤臣，但是孔子却小看他。难道是因为周王朝已

wéi zhōu dào shuāi wēi　huán gōng jì xián　ér bù miǎn zhī zhì wàng　nǎi
为周道衰微，桓公既贤，而不勉之至王，乃
然衰落，齐桓公既然贤能，管仲却不勉励他去谋求王道，而只是帮他成为了

chēng bà zāi　　yǔ yuē　　jiāng shùn qí měi，kuāng jiù qí è，gù
称 霸 哉？语曰："将 顺 其 美，匡 救 其 恶，故
霸主的缘故吗？古语说："顺应君王的美德，匡正君王的过错，君臣上下就

shàng xià néng xiāng qīn yě。"　qǐ guǎn zhòng zhī wèi hū
上 下 能 相 亲 也。"岂 管 仲 之 谓 乎？
能相互亲睦了。"这难道不正是在说管仲吗？

fāng yàn zǐ fú zhuāng gōng shī kū zhī，chéng lǐ rán hòu qù，qǐ
方 晏子伏 庄 公尸哭之，成礼然后去，岂
晏子伏在庄公尸体上大哭，尽了君臣之礼后才离开，这难道是古语

suǒ wèi "jiàn yì bù wéi，wú yǒng" zhě yé？zhì qí jiàn shuì，fàn
所谓 "见义不为，无勇" 者邪？至其谏说，犯
所说的 "遇到符合正义的事不去做，就是没有勇气" 的人吗？他平时劝谏进

jūn zhī yán，cǐ suǒ wèi "jìn sī jìn zhōng，tuì sī bǔ guò" zhě
君之颜，此所谓 "进思尽忠，退思补过" 者
言，时常冒犯君主的威严，这不正是 "进就想着竭尽忠心，退就想着补救缺失"

zāi！jiǎ lìng yàn zǐ ér zài，yú suī wèi zhī zhí biān，suǒ xīn mù
哉！假令晏子而在，余虽为之执鞭，所忻慕
的人吗？假如晏子现在还活着，即便为他执鞭赶车，也是我所喜欢和向往的。

yān
焉。

深入浅出读古文

　　这篇文章是齐国丞相管仲和晏婴的合传。管仲和鲍叔牙从小一起长大。后来管仲做了齐国公子纠的谋士，鲍叔牙则辅佐了公子小白。公子小白在王位争夺中杀死了公子纠，登上王位，他就是齐桓公。鲍叔牙把管仲举荐给了齐桓公。最终，管仲辅佐齐桓公成就了霸业。晏子也是齐国历史上的一代名相，先后辅佐过齐灵公、齐庄公和齐景公。晏子在朝期间，节俭力行，招揽人才，帮助齐国长期树威于诸侯。这篇文章借管仲、晏婴的事迹，揭示了君子重知己这一主旨。

　　此文不写管仲、晏婴的霸显之迹，只是将各自的轶事铺写一番。这两个故事一轻一重，一宾一主，这是详略互见法。此篇没有一处实笔，但脉理深浅历历在目，堪称佳作。

知识加油站

管鲍之交

　　管仲和鲍叔牙是春秋时齐国人，两人少年时就是好朋友。从最初的经商到同赴战场，再到共同辅佐齐桓公，两人之间相互信任、相互坦诚，结下了深厚的友情。后来"管鲍之交"就用来形容朋友之间交情深厚、彼此信任的关系。

屈原列传（节选）

qū yuán liè zhuàn

《史记》

屈原者，名平，楚之同姓也，为楚怀王左
qū yuán zhě　míng píng　chǔ zhī tóng xìng yě　wéi chǔ huái wáng zuǒ

屈原，名平，与楚国王族同姓，担任楚怀王的左徒。他学识广博，

徒。博闻强志①，明于治乱，娴于辞令②。入
tú　bó wén qiáng zhì　míng yú zhì luàn　xián yú cí lìng　rù

记忆力很强，深深懂得国家治乱的道理，并且能够娴熟地运用外交辞令。

则与王图议国事，以出号令；出则接遇宾客③，
zé yǔ wáng tú yì guó shì　yǐ chū hào lìng　chū zé jiē yù bīn kè

对内与楚怀王商议国家大事，以发布政令；对外接待宾客，应酬诸侯。

应对诸侯。王甚任④之。
yìng duì zhū hóu　wáng shèn rèn　zhī

楚怀王很信任他。

①闻：学识。志：记。 ②娴：熟练。辞令：外交上应酬交际的语言。

③出：对外与诸侯交往。宾客：外国的使节。 ④任：信赖。

shàng guān dà fū yǔ zhī tóng liè ① zhēng chǒng ér xīn hài
上官大夫与之同列①，争宠，而心害
上官大夫与屈原官位相当，想争得楚怀王的宠信，内心嫉妒屈原的

qí néng huái wáng shǐ qū yuán zào wéi xiàn lìng qū píng zhǔ ② cǎo
其能。怀王使屈原造为宪令，屈平属②草
才能。怀王让屈原制定国家的法令，屈原起草的法令还没定稿，上官大夫看

gǎo wèi dìng shàng guān dà fū jiàn ér yù duó zhī qū píng bù yǔ
稿未定，上官大夫见而欲夺之。屈平不与，
见了想夺过来。屈原不给，上官大夫因而在怀王面前说屈原的坏话，说："大

yīn chán zhī yuē wáng shǐ qū píng wéi lìng zhòng mò bù zhī měi yī
因谗之曰："王使屈平为令，众莫不知，每一
王叫屈原起草法令，这没有人不知道，可每当一项法令颁布，屈原就夸耀自

lìng chū píng fá ③ qí gōng yuē yǐ wéi fēi wǒ mò néng wéi
令出，平伐③其功，曰：以为'非我莫能为'
己的功劳，说是'除了我，别人谁也做不来'。"怀王听了很生气，因而疏

yě wáng nù ér shū ④ qū píng
也。"王怒而疏④屈平。
远了屈原。

①上官大夫：姓上官的大夫。②属：撰著。③伐：夸耀。④疏：
疏远。

qū píng jí wáng tīng zhī bù cōng yě chán chǎn zhī bì míng yě
屈平疾王听之不聪也，谗谄之蔽明也，
屈原痛心怀王不能明辨是非，被谗言和谄媚蒙蔽；痛心邪恶的小人

xié qū zhī hài gōng yě fāng zhèng zhī bù róng yě gù yōu chóu yōu
邪曲之害公也，方正之不容也，故忧愁幽
伤害公正的人，品行方正的人不为朝廷所容。他在忧思苦闷之中写了《离骚》。

33

sī　ér zuò　　lí sāo　　　　　　　lí sāo　　zhě　　yóu lí yōu yě
思，而作《离骚》。"离骚"者，犹离忧也。

"离骚"，就是遭遇忧愁的意思。上天，是人的起源；父母，是人的根本。

fú tiān zhě　　rén zhī shǐ yě　　fù mǔ zhě　　rén zhī běn yě　　rén qióng
夫天者，人之始也；父母者，人之本也。人穷

人在处境困顿的时候就会追念本源，所以在劳苦疲倦到极点的时候，没有不

zé fǎn běn　　gù láo kǔ juàn jí　　wèi cháng bù hū tiān yě　　jí tòng cǎn
则反本，故劳苦倦极，未尝不呼天也；疾痛惨

呼喊上天的；在经历病痛悲苦的时候，没有不呼唤父母的。屈原坚持正道，

dá①　　wèi cháng bù hū fù mǔ yě　　qū píng zhèng dào zhí xíng　　jié
怛①，未尝不呼父母也。屈平正道直行，竭

行事坦荡，竭尽忠心和智慧来侍奉君主，却遭到小人离间，可以说是困顿不

zhōng jìn zhì yǐ shì qí jūn　　chán rén②　jiàn zhī　　kě wèi qióng yǐ
忠尽智以事其君，谗人②间之，可谓穷矣。

堪了。他为人诚实守信却被猜疑，忠君爱国却遭到诽谤，又怎能没有怨愤呢？

xìn ér jiàn yí　　zhōng ér bèi bàng　　néng wú yuàn hū　　qū píng zhī zuò
信而见疑，忠而被谤，能无怨乎？屈平之作

屈原的作品《离骚》，就是从这种怨愤中脱生出来的。《国风》多写男女爱

lí sāo　　gài zì yuàn shēng yě　　guó fēng　　hào sè ér bù
《离骚》，盖自怨生也。《国风》好色而不

情却不放荡，《小雅》多有怨恨讽刺却不宣扬叛乱，像《离骚》这样的作品，

yín　　xiǎo yǎ　　yuàn fěi ér bú luàn　　ruò　lí sāo　zhě　kě
淫，《小雅》怨诽而不乱，若《离骚》者，可

可谓兼有《国风》和《小雅》的特点。《离骚》于远古提到帝喾，近古则提

wèi jiān zhī yǐ　　shàng chēng dì kù　　xià dào qí huán　　zhōng shù tāng
谓兼之矣！上称帝喾，下道齐桓，中述汤、

到齐桓公，中古则提到商汤、周武王，以此讽刺楚国的时政。其中对道德之

wǔ　　yǐ cì shì shì　　míng dào dé zhī guǎng chóng　　zhì luàn zhī tiáo guàn③
武，以刺世事。明道德之广崇，治乱之条贯③，

广大崇高的阐明，对国家治乱的因果和原则的陈述，无不明白透彻。他的文

35

靡不毕见。其文约，其辞微，其志洁，其行

笔简练，他的言辞含蓄，他的志趣高洁，他的品行廉正。他所作的文辞虽然

廉。其称文小而其指极大，举类迩④而见义

讲述的是一些细小事物，意义却很重大；列举的事例虽近在眼前，表达的意

远。其志洁，故其称物芳⑤；其行廉，故死而

思却极为深远。他志趣高洁，所以作品所述说的事物多以香草作比喻；他品

不容。自疏濯淖⑥污泥之中，蝉蜕于浊秽，以

行廉正，所以至死也不能容于俗世。他出于本性而远离污泥浊水，像蝉儿蜕

浮游尘埃之外，不获世之滋垢⑦，皭然⑧泥而不

壳那样摆脱污秽，超然于尘俗之外，不受浊世的污染，真可谓是干净洁白、

滓⑨者也。推此志也，虽与日月争光可也。

出淤泥而不染。由此推断屈原的志趣，说它能同日月争光也是可以的。

①惨怛：悲痛忧伤。②谗人：进谗言的小人。③条贯：条理。④迩：
近。⑤ 称物芳：指《离骚》中以香草自喻。⑥濯淖：污浊。⑦ 滋垢：
污垢。⑧皭然：清白洁净的样子。⑨滓：污浊。

屈平既绌①，其后秦欲伐齐。齐与楚从

屈原被罢去官职。后来秦国想攻打齐国。齐国当时和楚国合纵相亲，

亲，惠王患之，乃令张仪详去秦②，厚币委

两国联合抗秦。秦惠王对此很是忧虑，就叫张仪装作要背离秦国，献上厚礼

质③事楚，曰："秦甚憎齐，齐与楚从亲④，

给楚王，并且表示愿意侍奉楚王，说："秦国非常憎恨齐国，齐国现在与楚

楚诚能绝齐，秦愿献商、於⑤之地六百里。"

国合纵相亲，如果楚国真能同齐国绝交，秦愿意献上商、於一带的六百里

楚怀王贪而信张仪，遂绝齐，使使如秦受

土地。"楚怀王因贪心而轻信了张仪的话，便与齐国断了交，并派使者到秦

地，张仪诈之曰："仪与王约六里，不闻六百

国接受土地，张仪却抵赖说："我与楚王约定的是献上六里的土地，没听说

里。"楚使怒去，归告怀王。怀王怒，大兴师

有六百里呀。"楚国的使者愤怒地离开了秦国，回来将此事禀告了怀王。怀

伐秦。秦发兵击之，大破楚师于丹、淅⑥，斩

王大怒，兴大军讨伐秦国。秦国发兵迎击，大破楚军于丹水和淅水一带，杀

首八万，虏楚将屈匄⑦，遂取楚之汉中地。怀

了楚军八万人，俘虏了楚国大将屈匄，并夺取了楚国汉中一带的土地。楚怀

王乃悉发国中兵，以深入击秦，战于蓝田⑧。

王于是发动全国的军队深入秦地进攻秦军，在蓝田展开激战。魏国听到这个

wèi wén zhī　　　xí chǔ zhì dèng⑨　　　chǔ bīng jù　　zì qín guī　　ér qí
魏闻之，袭楚至邓⑨。楚兵惧，自秦归。而齐
消息，乘机偷袭楚国，一直打到邓地。楚军惧怕，便从秦国撤了回来。而齐

jìng nù bú jiù chǔ　　chǔ dà kùn
竟怒不救楚，楚大困。
国因为愤恨楚王而不肯救援楚国，楚国的处境极为艰难。

①绌：通"黜"，贬斥。②张仪：战国时魏国人，著名的纵横家，
曾担任秦相。详：通"佯"。③委质：呈献礼物。④从亲：指两
国合纵相亲。⑤商、於：秦国地名。⑥丹：丹江。浙：丹江支流
浙水。⑦屈匄：楚国大将。⑧蓝田：秦国地名，在今陕西蓝田西。
⑨邓：其时属楚地，在今河南境内。

míng nián　　　qín gē hàn zhōng dì yǔ chǔ yǐ hé　　　chǔ wáng yuē
明年，秦割汉中地与楚以和。楚王曰：
第二年，秦国割让汉中一带的土地与楚国讲和。楚王说："不

bú yuàn dé dì　　yuàn dé zhāng yí ér gān xīn yān　　zhāng yí wén
"不愿得地，愿得张仪而甘心焉。"张仪闻，
愿得土地，只有得到张仪才甘心。"张仪听到了，说："用一个张仪

nǎi yuē　　　yǐ yì yí ér dàng hàn zhōng dì　　chén qǐng wǎng rú chǔ
乃曰："以一仪而当汉中地，臣请往如楚。"
来抵汉中的土地，我请求到楚国去。"到了楚国，他又用丰厚的礼物

rú chǔ　　yòu yīn① hòu bì yòng shì zhě chén jìn shàng　　ér shè guǐ biàn yú
如楚，又因①厚币用事者臣靳尚，而设诡辩于
贿赂了当权的大臣靳尚，从而让他在楚怀王的宠姬郑袖面前编造诡诈

huái wáng zhī chǒng jī zhèng xiù　　huái wáng jìng tīng zhèng xiù　　fù shì qù
怀王之宠姬郑袖。怀王竟听郑袖，复释去
的言辞来替自己辩护。后来怀王居然听信了郑袖为张仪说情的话，又

zhāng yí shì shí qū píng jì shū bú fù zài wèi shǐ yú qí
张仪。是时屈平既疏，不复在位，使于齐，
放走了张仪。当时屈原已被怀王疏远，不在朝中任职，正在出使齐国。

gù fǎn jiàn huái wáng yuē hé bù shā zhāng yí huái wáng
顾反②，谏怀王曰："何不杀张仪？"怀王
等他回到楚国以后，劝谏怀王说："为何不杀张仪？"怀王后悔，派

huǐ zhuī zhāng yí bù jí
悔，追张仪，不及。
人去追赶张仪，但没追上。

qí hòu zhū hóu gòng jī chǔ dà pò zhī shā qí jiàng táng mèi
其后，诸侯共击楚，大破之，杀其将唐昧③。
在这之后，诸侯联合起来攻打楚国，大破楚军，杀了楚国大将唐昧。

①因：凭借，依靠。②顾反：回到。反，通"返"，返回来。③唐昧：
楚将。

shí qín zhāo wáng yǔ chǔ hūn yù yǔ huái wáng huì huái wáng yù
时秦昭王与楚婚，欲与怀王会。怀王欲
这时秦昭王同楚国通婚，想要同怀王会面。怀王想去，屈原说："秦

xíng qū píng yuē qín hǔ láng zhī guó bù kě xìn bù rú
行，屈平曰："秦，虎狼之国，不可信，不如
国是虎狼一样的国家，不能相信。不如不去！"怀王的小儿子子兰劝怀王去，

wú xíng huái wáng zhì zǐ zǐ lán quàn wáng xíng nài hé jué qín
无行！"怀王稚子子兰劝王行："奈何绝秦
说："怎么能断绝同秦国的友好关系呢！"怀王终于前往。进入武关后，秦

huān huái wáng zú xíng rù wǔ guān qín fú bīng jué qí hòu yīn
欢！"怀王卒行。入武关，秦伏兵绝其后，因
国埋伏的军队就截断了怀王的后路，从而扣留了怀王，以要挟楚国割让土地。

liú huái wáng yǐ qiú gē dì   huái wáng nù   bù tīng   wáng zǒu zhào
留怀王以求割地。怀王怒，不听。亡走赵，
怀王大怒，不答应。怀王逃亡到赵国，赵国因为害怕秦国而不敢收留他。怀

zhào bú nà   fù zhī qín   jìng sǐ yú qín ér guī zàng
赵不内。复之秦，竟死于秦而归葬。
王无奈，只好又回到秦国，最后死在秦国，后来尸体才被运回楚国安葬。

zhǎng zǐ qǐng xiāng wáng lì   yǐ qí dì zǐ lán wéi lìng yǐn ①
长子顷襄王立，以其弟子兰为令尹①。
楚怀王的长子顷襄王继位，让他的弟弟子兰做令尹。楚国人抱怨子兰，

chǔ rén jì jiù zǐ lán yǐ quàn huái wáng rù qín ér bù fǎn yě   qū píng jì
楚人既咎子兰以劝怀王入秦而不反也。屈平既
因为他怂恿怀王到秦国去，致使楚王再没有回来。屈原怨恨子兰，自己虽然

jí zhī   suī fàng liú   juàn gù chǔ guó   xì xīn huái wáng   bú wàng yù
嫉之，虽放流，眷顾楚国，系心怀王，不忘欲
被流放，但心里仍眷恋着楚国，惦记着怀王，一直想着要再回到朝廷效力，

fǎn   jì xìng ② jūn zhī yí wù   sú zhī yì gǎi yě   qí cún jūn xīng
反，冀幸②君之一悟，俗之一改也。其存君兴
寄希望于楚王有朝一日能够幡然醒悟，世俗的陋习能够改变。他心存国君，

guó   ér yù fǎn fù zhī   yì piān zhī zhōng   sān zhì zhì yān   rán zhōng
国，而欲反覆之，一篇之中，三致志焉。然终
希望能振兴楚国，想让楚国一改衰弱的局面，这样的意愿在《离骚》中再三

wú kě nài hé   gù bù kě yǐ fǎn   zú ③ yǐ cǐ jiàn huái wáng zhī
无可奈何，故不可以反。卒③以此见怀王之
表露。但终究是无可奈何，所以他也没能回到朝中。由此也可以看出怀王至

zhōng bú wù yě
终不悟也。
死不悟。

① 令尹：楚国的官名，相当于宰相。 ② 冀幸：侥幸，心存万一

的希望。 ③卒：最终，到底。

rén jūn wú yú zhì xián bú xiào mò bú yù qiú zhōng yǐ zì
人君无愚智、贤不肖，莫不欲求忠以自
一个国君无论是愚昧还是智慧，无论是贤能还是不成才，没有不想

wèi jǔ xián yǐ zì zuǒ rán wáng guó pò jiā xiāng suí zhǔ ér
为，举贤以自佐。然亡国破家相随属①，而
寻求忠臣来效忠自己、任用贤良来辅佐自己的。但是国破家亡的事一个接着

shèng jūn zhì guó lěi shì ér bú jiàn zhě qí suǒ wèi zhōng zhě bù
圣君治国②累世而不见者，其所谓忠者不
一个，而圣明的君主治理好国家却几世也碰不到一个，这也许就是因为身为

zhōng ér suǒ wèi xián zhě bù xián yě huái wáng yǐ bù zhī zhōng chén zhī
忠，而所谓贤者不贤也！怀王以不知忠臣之
人君的人所认为的忠臣并不忠诚，所认为的贤者并不贤良。怀王因为不懂得

fèn gù nèi huò yú zhèng xiù wài qī yú zhāng yí shū qū píng
分③，故内惑于郑袖，外欺于张仪，疏屈平
忠臣的职分，所以在内为郑袖所迷惑，在外为张仪所欺骗，疏远屈原而信任

ér xìn shàng guān dà fū lìng yǐn zǐ lán bīng cuò dì xuē wáng qí
而信上官大夫、令尹子兰。兵挫地削，亡其
上官大夫、令尹子兰。军队遭到挫败，国土日益减少，失掉了六郡，自己客

liù jùn shēn kè sǐ yú qín wéi tiān xià xiào cǐ bù zhī rén zhī
六郡，身客死④于秦，为天下笑。此不知人之
死秦国，为天下人所耻笑。这就是不能知人善任所招来的灾祸啊。《易经》

huò yě yì yuē jǐng xiè bù shí wéi wǒ xīn cè
祸也。《易》曰："井渫⑤不食，为我心恻，
上说："井已淘去泥污却无人汲水而饮，让人心中凄恻，井水就是供人汲

kě yǐ jí　wáng míng　bìng shòu qí fú　　wáng zhī bù míng　qǐ zú
可以汲。王明，并受其福。"王之不明，岂足
饮的啊。君王明白这个道理，就会得到福佑。"君王昏而不明，岂能得到

fú zāi
福哉！
福佑？

①随属：接连不断。 ②治国：安宁、稳定的国家。 ③分：职责
本分。 ④客死：死在异乡。 ⑤渫：淘去泥污。

lìng yǐn zǐ lán wén zhī dà nù　　zú shǐ shàng guān dà fū duǎn qū
令尹子兰闻之大怒，卒使上官大夫短屈
令尹子兰听说屈原怨恨他，非常愤怒，终于指使上官大夫在顷襄王

yuán yú qǐng xiāng wáng　　qǐng xiāng wáng nù　ér qiān zhī
原于顷襄王，顷襄王怒而迁之。
的面前诋毁屈原，顷襄王大怒，把屈原放逐到了外地。

qū yuán zhì yú jiāng bīn　　pī　fà xíng yín zé pàn　　yán sè
屈原至于江滨，被①发行吟泽畔，颜色
屈原来到江边，披散着头发，在水边一边走一边吟唱，脸色憔悴，

qiáo cuì　　xíng róng kū gǎo　　yú fǔ jiàn ér wèn zhī yuē　　zǐ fēi sān
憔悴，形容枯槁。渔父见而问之曰："子非三
模样干枯无生气。江边的渔父看到他，便问他说："您不是三闾大夫吗？

lú dà fū yú　hé gù ér zhì cǐ　　qū yuán yuē　　jǔ shì hùn
闾大夫欤？何故而至此？"屈原曰："举世混
为什么来到这里？"屈原说："举世都混浊，只有我是干净的；大家都昏

zhuó ér wǒ dú qīng　　zhòng rén jiē zuì ér wǒ dú xǐng　　shì yǐ jiàn fàng
浊而我独清，众人皆醉而我独醒，是以见放。"
醉了，只有我是清醒的，因此遭到放逐。"渔父说："说起圣人，他们不

渔父曰："夫圣人者，不凝滞于物而能与世
受外界事物的拘束，能够跟随世俗变化而进退。既然整个社会都混浊，为

推移。举世混浊，何不随其流而扬其波？众人
什么不顺应潮流并且推波助澜呢？既然大家都昏醉了，为什么不一起吃点

皆醉，何不餔其糟而歠其醨②？何故怀瑾握瑜③
酒糟、饮点淡酒呢？为什么非要保持美玉一样高洁的品性而使自己遭到放

而自令见放为？"屈原曰："吾闻之，新沐者
逐呢？"屈原说："我听说，刚洗完头发的人，一定要弹去帽子上的灰尘；

必弹冠，新浴者必振衣。人又谁能以身之察察④
刚洗过澡的人，一定要抖去衣上的尘土。作为人，又有谁能够让自己的洁

受物之汶汶者乎？宁赴常流而葬乎江鱼腹中
白之身为世俗的污垢所浸染呢？我宁可跳进江水葬身鱼腹之中，又怎能让

耳，又安能以皓皓之白，而蒙世之温蠖乎！"
高洁的心灵蒙受俗世的污染呢？"于是他作了《怀沙》赋。然后他就抱着

乃作《怀沙》之赋。于是怀石，遂自投汨罗以死。
石头，跳进汨罗江自尽了。

①被：通"披"。 ②餔：通"哺"，食。糟：酒渣。歠：喝。醨：
薄酒。 ③瑾、瑜：美玉。 ④察察：洁白的样子。

───────── 深入浅出读古文 ─────────

　　本篇中，司马迁叙述了屈原的生平经历、文学创作，表达了对屈原忠君爱国高尚情操的赞美。文章有叙事，有议论，二者相互穿插，井然有序，环环相扣。先写屈原被人嫉妒遭陷害，接着就引出一段议论，指出写《离骚》的动机是排遣离忧之情；再写屈原遭黜后楚国的形势，穿插了一段作者对怀王遭秦国囚禁一事的评论，增强文章的感染力。屈原和渔夫的对话是文章的精彩部分，渔夫和屈原一问一答，一反一正，不仅衬托了屈原的高洁品质，而且将文章推向高潮。

知识加油站

爱国诗人屈原

　　屈原是中国历史上第一位伟大的爱国诗人，中国浪漫主义文学的奠基人，被誉为"辞赋之祖"。他是"楚辞"的创立者和代表作者。屈原之作品的出现，标志着中国诗歌进入了一个由集体歌唱到个人独创的新时代。

滑稽列传

《史记》

孔子曰："六艺①于治一也。《礼》以节
孔子说："六艺对于治理国家，作用是一样的。《礼》是用来约束

人，《乐》以发和，《书》以道事，《诗》以
人们行为的，《乐》是用来发扬和气的，《尚书》是记载政事的，《诗经》

达意，《易》以神化，《春秋》以道义。"太
是用来表达心意的，《易》是用来表现事物之间微妙变化的，《春秋》是用

史公曰：天道恢恢，岂不大哉！谈言微中，亦
来说明伦理道义的。"太史公说：天道广阔，难道不是伟大的吗？谈话委婉

可以解纷。
而切中要害，也是可以解除纷乱的。

① 六艺：即《诗》《书》《礼》《乐》《易》《春秋》。

淳于①髡者，齐之赘婿②也。长不满七
有个名叫淳于髡的人，他是齐国的上门女婿，身高不到七尺，却诙

尺，滑稽③多辨，数使诸侯，未尝屈辱。齐
谐幽默，能言善辩。他曾多次出使诸侯，从未有过屈辱的经历。齐威王即位

威王之时，喜隐，好为淫乐长夜之饮，沉湎④
之初，爱好说隐语，喜欢恣意享乐，常常通宵达旦地饮酒作乐，并且已是沉

不治，委政卿大夫。百官荒乱，诸侯并侵，
湎其中，根本不过问朝政，把政务托给卿大夫们处理。于是造成了百官懈怠、

国且危亡，在于旦暮，左右莫敢谏。淳于髡说
政治混乱的局面。诸侯各国纷纷入侵齐国，齐国已经处在危亡之际，国家倾

之以隐曰："国中有大鸟，止王之庭，三年
覆近在眼前，左右大臣都不敢劝谏。这时，淳于髡用隐语劝谏齐威王说："京

不蜚⑤又不鸣，王知此鸟何也？"王曰："此
城之中有只大鸟，停在大王的庭堂之上。三年不曾飞翔，也不曾鸣叫。君王

鸟不蜚则已，一蜚冲天；不鸣则已，一鸣惊
知道这是什么鸟吗？"威王回答说："此鸟不飞则已，一飞便要冲入云霄；

rén
人。"于是乃朝诸县令长七十二人，赏一人，
yú shì nǎi cháo zhū xiàn lìng zhǎng qī shí èr rén shǎng yì rén
不鸣则已，一鸣就要惊动世人。"于是齐王便召集各县长官共七十二人前来

zhū yì rén fèn bīng ér chū zhū hóu zhèn jīng jiē huán qí qīn dì
诛一人，奋兵而出。诸侯振惊，皆还齐侵地。
觐见，赏了一人，杀了一人，随后统兵出击。诸侯为之震惊，纷纷将侵占的

wēi xíng sān shí liù nián yǔ zài tián wán shì jiā zhōng
威行三十六年。语在《田完世家》中。
土地退还齐国。齐威王从此威震天下三十六年。此事记载在《田完世家》中。

①淳于：复姓。②赘婿：就婚于女家与改为女家姓的男子称为"赘婿"。③滑稽：能言善辩，幽默诙谐。④沉湎：沉溺。⑤蜚：通"飞"。

wēi wáng bā nián chǔ dà fā bīng jiā qí qí wáng shǐ chún yú
威王八年，楚大发兵加齐。齐王使淳于
齐威王八年，楚国派大军攻齐。威王派淳于髡携带一百斤黄金和

kūn zhī zhào qǐng jiù bīng jī jīn bǎi jīn chē mǎ shí sì chún yú
髡之赵请救兵，赍①金百斤，车马十驷。淳于
四匹马拉的车十辆到赵国请求救兵。淳于髡仰天大笑，把帽子上的缨带都

kūn yǎng tiān dà xiào guān yīng suǒ jué wáng yuē xiān shēng shǎo
髡仰天大笑，冠缨②索绝。王曰："先生少
笑断了。威王问："先生是不是嫌礼物少呢？"淳于髡回答说："我怎么

zhī hū kūn yuē hé gǎn wáng yuē xiào qǐ yǒu shuō
之乎？"髡曰："何敢！"王曰："笑岂有说
敢？"威王说："先生发笑，是有什么要说的吗？"淳于髡回答："我今

hū kūn yuē jīn zhě chén cóng dōng fāng lái jiàn dào páng yǒu
乎？"髡曰："今者臣从东方来，见道旁有
天从东边来的时候，看到路边有个祭土地乞求丰收的人。他拿着一只猪

穰田③者，操一豚蹄，酒一盂，而祝曰：'瓯

蹄、一盂酒，向上天祷告说：'让狭小的高地上能够长满庄稼，谷物装满

窦满篝④，污邪⑤满车，五谷蕃熟，穰穰满家。'

笼箱；让低洼的水田能够丰收，谷物装满大车；让五谷丰登，堆满我家的

臣见其所持者狭而所欲者奢，故笑之。"于是

粮仓。'我见他用来奉献的祭品太少，而想要的又太多，所以笑他。"于

齐威王乃益赍黄金千镒，白璧十双，车马百

是齐威王就将礼物增加到黄金千镒、白玉璧十双、四匹马拉的车百辆，淳

驷，髡辞而行，至赵。赵王与之精兵十万，革

于髡这才告别威王出使赵国。赵王给了他精兵十万，战车千乘。楚军听说

车⑥千乘。楚闻之，夜引兵而去。

此事，连夜引军撤退。

①赍：赠送。②冠缨：系在颌下的帽带。③穰田：向神祈求庄稼
丰收。④瓯窦：狭小的高地。篝：竹笼。⑤污邪：地势低下的土地。
⑥革车：古时用皮革装备的重战车。

威王大说①，置酒后宫，召髡赐之酒。问

齐威王十分高兴，在后宫摆上酒席，召见淳于髡，请他喝酒。席间，

曰："先生能饮几何而醉？"对曰："臣饮

威王问："先生喝多少酒才会醉倒？"淳于髡回答说："我喝一斗会醉，喝

一斗亦醉，一石亦醉。"威王曰："先生饮
一石也会醉。"威王说："你喝一斗就醉了，怎么可能喝到一石呢？这中间

一斗而醉，恶能饮一石哉！其说可得闻乎？"
有什么奥妙，可以说给我听听吗？"淳于髡回答说："在大王面前喝您所

髡曰："赐酒大王之前，执法在傍，御史在
赏赐的酒，旁边有执行酒令的令官，后面有监察的御史，我十分恐惧，低

后，髡恐惧俯伏而饮，不过一斗径醉矣。若
着头伏在地上饮酒，喝不了一斗就醉了。如果父亲有尊贵的客人到来，我卷

亲有严客，髡帣韝鞠跽②，侍酒于前，时赐余
起衣，屈身下跪，在前面侍奉着，他们不时地把剩下的酒赐给我，我还要频

沥，奉觞③上寿，数起，饮不过二斗径醉矣。
繁端起酒杯起身为客人和父亲祝福。像这样饮酒，不过二斗我也就醉了。若

若朋友交游，久不相见，卒然相睹，欢然道
是与久别的老友突然重逢，一起愉快地回忆往事，互诉衷肠，这样喝到五六

故，私情相语，饮可五六斗径醉矣。若乃州闾
斗也就醉了。如果乡里举行集会，男女混杂坐在一起，慢慢地行酒，同时进

之会，男女杂坐，行酒稽留④，六博⑤投壶，
行下棋与投壶的比赛，互相招呼，结伴搭伙，男女之间握握手也不会受到责

相引为曹⑥，握手无罚，目眙⑦不禁，前有堕
罚，眼睛可以随意地注视别人，前面席上有掉在地上的珠玉耳饰，后面有遗

ěr　　hòu yǒu yí zān　　kūn qiè lè cǐ　　yǐn kě bā dǒu ér zuì èr sān⑧

珥，后有遗簪，髡窃乐此，饮可八斗而醉二参⑧。

落的发簪，我喜欢这样的宴席，酒喝到八斗才有两三分醉意。待到太阳落山，

rì mù jiǔ lán⑨　　hé zūn cù zuò　　nán nǚ tóng xí　　lǚ xì

日暮酒阑⑨，合尊促坐，男女同席，履舄

酒也快喝完了，人们把剩下的酒并在一起，促膝而坐，男女同席，鞋子满地，

jiāo cuò⑩　　bēi pán láng jí　　táng shàng zhú miè　　zhǔ rén liú kūn ér

交错⑩，杯盘狼藉，堂上烛灭，主人留髡而

横竖交错，杯盘散乱交叠，堂上的蜡烛快要燃尽了；主人留下了我，送走了

sòng kè　　luó rú⑪　　jīn jiě　　wēi wén xiāng zé⑫　　dāng cǐ zhī shí

送客，罗襦⑪襟解，微闻芗泽⑫，当此之时，

客人，那陪酒的女子解开罗衫的衣襟，我微微闻到芳香的气息。这时我最高兴，

kūn xīn zuì huān　　néng yǐn yí dàn　　gù yuē jiǔ jí zé luàn　　lè jí zé

髡心最欢，能饮一石。故曰酒极则乱，乐极则

那就能够饮到一石了。所以说饮酒过度就会乱性，欢乐过度就会导致悲哀。

bēi　　wàn shì jìn rán　　yán bù kě jí　　jí zhī ér shuāi　　yǐ fěng

悲。万事尽然，言不可极，极之而衰。"以讽

万事如此，什么都不可以过度，过度了就会衰落。"淳于髡用这些话来劝谏

jiàn yān　　qí wáng yuē　　shàn　　nǎi bà cháng yè zhī yǐn　　yǐ

谏焉。齐王曰："善！"乃罢长夜之饮，以

齐威王。威王说："好极了！"于是，他取消了通宵达旦的宴饮，任命淳于

kūn wéi zhū hóu zhǔ kè　　zōng shì zhì jiǔ　　kūn cháng zài cè

髡为诸侯主客。宗室置酒，髡尝在侧。

髡为接待诸侯的主客。齐国王室设宴，淳于髡常作陪。

①说：同"悦"，高兴。②卷：通"卷"，束衣袖。韝：臂套。鞠：弯曲。跽：长跪。③觞：古时的盛酒器。④稽留：停留。⑤六博：古代博戏。⑥曹：辈。⑦眙：直视。⑧参：通"三"。⑨酒阑：宴饮将散。⑩履舄交错：鞋子错杂满地。⑪襦：短衣。⑫芗泽：香气。

深入浅出读古文

淳于髡是齐国的女婿，有谋有才，曾多次救齐国于危难。此文通过写淳于髡借隐语讽谏齐威王，表现了他的聪明才智。

淳于髡擅长说隐语，第一个故事他只说了一句话："国中有大鸟，止王之庭，三年不蜚又不鸣，王知此鸟何也？"这句话以大鸟比喻齐王，意在规劝齐王要有所作为；第二个故事，他以祭祀时拿微薄的贡品换取丰厚的回报为喻，暗示威王给他的赠礼少；第三个故事，淳于髡以"臣饮一斗亦醉，一石亦醉"这句看似矛盾的话语，讽谏威王不要贪杯过度。这几段，言辞隐晦曲折，委婉中暗含深意，从中也能看到淳于髡嬉笑滑稽、口齿伶俐的形象。

❀知识加油站❀

淳于髡献鹄

齐王派淳于髡出使楚国，并带去一只鹄作为赠送楚王的礼物。谁知刚出城门，鹄就飞了。淳于髡依然托着空鸟笼，前去拜见楚王。在他的智慧之言下，楚王非但没有怪罪他，反而赞赏他，给了他很多赏赐。

五柳先生传
wǔ liǔ xiān shēng zhuàn

东晋 陶渊明

作者档案

陶渊明（365年～427年），字元亮，又名潜，卒后私谥靖节，世称靖节先生。浔阳柴桑人。东晋末至南朝宋初期的诗人、辞赋家。曾任江州祭酒、建威参军、镇军参军、彭泽县令等职，最后一次出仕任彭泽县令，八十多天便弃职而去，从此归隐田园。他是中国第一位田园诗人，作品有《陶渊明集》。

xiān shēng bù zhī hé xǔ rén yě　　yì bù xiáng qí xìng zì　zhái
先生不知何许人也，亦不详其姓字。宅
不知道先生是什么地方的人，也不清楚他的姓名和表字。因为他的

biān yǒu wǔ liǔ shù　　yīn yǐ wéi hào yān　　xián jìng shǎo yán　　bú mù róng
边有五柳树，因以为号焉。闲静少言，不慕荣
房屋旁有五棵柳树，就用它做了号。他性格恬淡宁静，沉默少言，不羡慕荣

利。好读书，不求甚解，每有会意，便欣然忘
华利禄。喜欢读书，只求理解其中精华，每当对书中意旨有所领会，就高兴

食。性嗜酒，家贫，不能常得。亲旧知其如
得忘了吃饭。他生性嗜酒，但因为家里穷，不能经常有酒。亲戚朋友知道他

此，或置酒而招之。造饮辄①尽，期在必醉；
这种情况，有时就备了酒叫他来喝。他一来就要喝得尽兴，以求一醉方休，

既醉而退，曾不吝情去留。环堵②萧然，不蔽
喝醉了就告辞回家，从不拘泥于去留。他简陋的居室里只有空荡的四面墙壁，

风日。短褐穿结③，箪④瓢屡空，晏如⑤也。
不能遮风蔽日；粗布短衣上面打了许多补丁，锅瓢碗盏经常是空的，可是他

常著文章自娱，颇示己志。忘怀得失，以此
安之若素。他经常写文章来消遣，很能表达自己的志趣。他不计得失，愿意

自终。
就这样直到终老。

①辄：每每。②环堵：四面墙壁，指居室。③短褐：粗布短衣。
结：缝补。④箪：古代盛饭的圆形竹器。⑤晏如：安然自得。

赞曰：黔娄①有言，不戚戚于贫贱，不汲
赞语说：黔娄曾经说过，不为贫贱而忧心忡忡，不为富贵而奔波劳碌。

<ruby>汲<rt>jí</rt></ruby> ② <ruby>于<rt>yú</rt></ruby> <ruby>富<rt>fù</rt></ruby> <ruby>贵<rt>guì</rt></ruby>。<ruby>其<rt>qí</rt></ruby> <ruby>言<rt>yán</rt></ruby> <ruby>兹<rt>zī</rt></ruby> <ruby>若<rt>ruò</rt></ruby> <ruby>人<rt>rén</rt></ruby> <ruby>之<rt>zhī</rt></ruby> <ruby>俦<rt>chóu</rt></ruby> ③ <ruby>乎<rt>hū</rt></ruby>？<ruby>衔<rt>xián</rt></ruby> <ruby>觞<rt>shāng</rt></ruby> <ruby>赋<rt>fù</rt></ruby>

说的就是五柳先生这一类人吧？一边喝酒一边赋诗，以怡悦自己的心志，他

<ruby>诗<rt>shī</rt></ruby>，<ruby>以<rt>yǐ</rt></ruby> <ruby>乐<rt>lè</rt></ruby> <ruby>其<rt>qí</rt></ruby> <ruby>志<rt>zhì</rt></ruby>，<ruby>无<rt>wú</rt></ruby> <ruby>怀<rt>huái</rt></ruby> <ruby>氏<rt>shì</rt></ruby> <ruby>之<rt>zhī</rt></ruby> <ruby>民<rt>mín</rt></ruby> <ruby>欤<rt>yú</rt></ruby>？<ruby>葛<rt>gě</rt></ruby> <ruby>天<rt>tiān</rt></ruby> <ruby>氏<rt>shì</rt></ruby> <ruby>之<rt>zhī</rt></ruby> <ruby>民<rt>mín</rt></ruby> <ruby>欤<rt>yú</rt></ruby> ④？

是无怀氏时候的人呢，还是葛天氏时候的人呢？

① 黔娄：春秋时鲁国的清高名士，他不愿出仕，屡次拒绝诸侯邀请。
② 汲汲：竭力求取的样子。③ 俦：类。④ 无怀氏、葛天氏：传说
中上古的氏族首领。

深入浅出读古文

　　这篇文章是陶渊明写的一篇具有自传性质的散文。他
以史传的笔法，通过对居住环境和生活细节的描写，勾画
出一个不慕荣华、不贪功利、怡然自得、安贫乐道的"五
柳先生"。文章语言朴素洗练，流畅自然，看似平淡，实
则内涵深刻。作者在文中多处言"不"，体现出自己与世
俗的格格不入，表达了陶渊明平淡自然和安贫乐道的境界，
以及对其人格的坚守。

知识加油站

不为五斗米折腰

　　陶渊明到彭泽当县令，太守派一名官员到彭泽县来
督察。此官员粗俗傲慢，并要求陶渊明立即见他。陶渊
明本就蔑视功名富贵，不肯趋炎附势，对此很是反感，
他长叹道："我不能为五斗米向乡里小人折腰！"说罢，
索性辞官回乡。

圬者王承福传
wū zhě wáng chéng fú zhuàn

唐 韩愈

作者档案

韩愈（768年～824年），字退之，河南河阳（今河南省孟州市）人，唐代杰出的文学家、思想家，被后人尊为"唐宋八大家"之首。著有《韩昌黎集》四十卷、《外集》十卷等。

圬①之为技，贱且劳②者也。有业之③，

泥水匠这门手艺，卑贱而且辛苦。有个干这行的人，看他的样子很

其色若自得者。听其言，约而尽。问之，王其

是自得其乐，听他说话，言语简明，想要表达的意思却很透彻。问他，他说

姓，承福其名，世为京兆④长安农夫。天宝之

自己姓王，名叫承福，世代都是京师长安的农民。天宝年间的那场战乱，朝

乱，发⑤人为兵，持弓矢十三年，有官勋，弃
廷征兵，他也应征入伍，拿了十三年的弓箭。他因为立下战功而得了官爵，

之来归。丧其土田，手镘⑥衣食，余三十年。
自己却放弃不要，跑回了老家。以前的土地已经在战乱中丧失了，于是拿起

舍⑦于市之主人，而归其屋食之当焉。视时屋
瓦刀谋生，已经三十多年了。他平时借住在街市里的一户人家里，付给这家

食之贵贱，而上下其圬之佣以偿之。有余，
主人适当的房租、饭钱；并且根据房租、饭钱的涨落而调整给人家做工的工钱，

则以与道路之废疾饿者焉。
以付食宿。如果还有剩余的钱，就送给街上那些残疾或忍受病痛、挨饿的人。

①圬：泥瓦活。 ②贱且劳：低贱又辛苦。 ③业之：以泥瓦工为
业。 ④京兆：唐时长安属京兆府，故称京兆长安。 ⑤发：征发。
⑥镘：泥瓦匠抹墙的工具。⑦舍：居住。

又曰："粟，稼①而生者也；若布与
他又说："粮食，要种植才能从土地中长出；布和丝绸，一定要经

帛，必蚕绩而后成者也。其他所以养生之
过养蚕、纺织才能做成。其他人们生活所需的东西，都是要等到人进行生产

具，皆待人力而后完也，吾皆赖之。然人不可

加工之后才能完成，这些都是我维持生计所依赖的。但是一个人不能什么都

遍为②，宜乎各致其能以相生③也。故君者，

干，应当各尽其能、各出其力以满足相互的需要。所以做人君的责任是治理

理我所以生者也，而百官者，承④君之化者

我们，使我们能够生存下去；而对于百官来讲，则应该奉行皇帝的教化。职

也。任有大小，惟其所能，若器皿焉。食焉

责有大有小，只是要各尽其能，这就像器皿一样，各有各的用处。饱食终日

而怠其事，必有天殃⑤。故吾不敢一日舍镘以

却怠慢自己应做的事情，就必定会有天降的灾祸。所以我一天也不敢放下瓦

嬉。夫镘，易能，可力焉。又诚有功，取其直⑥。

刀去嬉戏。泥瓦工不难学，可以凭力气做好，还确实能干出成绩、拿到工钱；

虽劳无愧，吾心安焉。夫力，易强而有功也；

虽然辛劳，但心中无愧，心安理得。体力活是咬咬牙就能干好的，而动脑子

心，难强而有智也。用力者使于人，用心者使

的事就不是努力就能见效的；所以做体力劳动的人供人驱使，做脑力劳动的

人，亦其宜也。吾特择其易为而无愧者取焉。

人驱使别人，也理应如此。我只不过是选择了那种容易做并且能问心无愧取
得报酬的行业。

①稼：种田。②遍为：全都去做。③相生：依赖而生活。④承：通"丞"，辅佐。⑤天殃：天降的灾祸。⑥直：通"值"，这里指工钱。

"嘻！吾操镘以入富贵之家有年矣。有一至者焉，又往过之，则为墟矣；有再至、三至者焉，而往过之，则为墟矣。问之其邻，或曰：'噫①！刑戮也。'或曰：'身既死而其子孙不能有也。'或曰：'死而归之官也。'吾以是观之，非所谓食焉怠其事而得天殃者邪？非强心以智而不足，不择其才之称②否而冒之者邪？非多行可愧，知其不可而强为之者

"唉！我拿着瓦刀到富贵人家干活也有不少年头了。有去过一次，第二次再去的时候，那里就已经变成了废墟的；有去过两三次，以后再去，也变成了废墟的。问他们的邻居，有的说：'唉！被判刑处死了。'有的说：'本人死了，儿孙保不住产业。'有的说：'死后产业就被官府没收了。'我由此看到，这不就是那类饱食终日而怠慢职责，因此招致天祸降临的人吗？这不就是勉强自己去做才智达不到的事，不管能力才干是否相称，就强行冒进的人吗？这不就是做多了有愧于心的事，明知道不能去做，还非要去做的人吗？这不就是守

邪？将富贵难守，薄功而厚飨③之者邪？抑丰

不住富贵，功劳不大却受了丰厚赏赐的人吗？也许贫富贵贱都有自己

悴④有时，一去一来而不可常者邪？吾之心

的运数，有去有来，不会一成不变吧？面对这些我心中又不免产生了

悯焉，是故择其力之可能者行焉。乐富贵而悲

悲戚怜悯之情，因此我就选择自己力所能及的事情来做。至于乐于富

贫贱，我岂异于人哉？”

贵而悲悯贫贱，我和别人又有什么不同？”

①噫：感叹词。 ②称：适合。 ③飨：通 "享"。 ④丰悴：指
家道的兴衰。

又曰："功大者，其所以自奉也博。妻与

他还说："功劳大的人，用来供养自己的东西也就多。妻子儿女都

子，皆养于我者也，吾能薄而功小，不有之可

要靠我一个人来养活。我能力薄浅，功劳微小，所以没有妻儿也是可以的。

也。又吾所谓劳力者，若立吾家而力不足，则

而且我又是干力气活的，如果成了家而能力不足以养活妻儿，就还得操心，

心又劳也。一身而二任焉，虽圣者不可为也。"

如此便是又劳力又操心，即使是圣人也做不来了。"

愈始闻而惑之，又从而思之，盖贤者也，

我刚开始听到他的话还感到迷惑，接着又想了一下，觉得这大概是

盖所谓独善其身者也。然吾有讥焉，谓其自为

一位贤者，大概就是人们常说的独善其身的人吧。但我对他还是有所批评，

也过多，其为人也过少。其学杨朱之道者邪？

他为自己打算得过多，为他人考虑得过少，难道是学杨朱之道的人吗？杨朱

杨之道，不肯拔我一毛而利天下。而夫人① 以

之道，是不肯拔自己一根汗毛而利天下人的。这个人认为有家室是让人操心

有家为劳心，不肯一动其心以畜② 其妻子，其

的事，不肯为养活妻子儿女费一点儿心思，那他岂肯为别人考虑呢？即使是

肯劳其心以为人乎哉？虽然，其贤于世之患不

这样，他比起世上那些唯恐得不到利益又唯恐丧失一点儿利益的人，比那些

得之而患失之者，以济其生之欲，贪邪而亡

只求满足种种生活欲望，贪婪邪恶而没有道德，因而丢掉性命的人，也要好

道③ ，以丧其身者，其亦远矣！又其言有可以

得多了。况且他的话中也有可以让我有所警醒的东西，因此我就为他写了这

警余者，故余为之传，而自鉴④ 焉。

篇传记，用来对照、自省。

① 夫人：那个人。 ② 畜：养。 ③ 亡道：无道义。 ④ 自鉴：自我鉴戒。

─── 深入浅出读古文 ───

韩愈此文为泥瓦匠王承福所作，实际上是借王承福的身世和其所持的观点，来阐释自己对于社会分工、做人原则等问题的一些看法。作者对他独善其身、不与世俗同流的态度表示认同。

本文从细微处见真谛，引导读者体察入微，从而增加了文章的深度。文章开篇先略述王承福的身世，而后展开议论，阐发观点，全借王承福之口说出，深刻的道理由一泥瓦匠以平白语言说出，让人倍感亲切。文末，作者思索王承福之言，加深议论。

此文夹叙夹议，逐段阐发人间至理，波澜起伏，却又无嬉笑怒骂之态，令人警省。

知识加油站

成语词汇

独善其身：原指独自修养身心，保持个人的节操。现在多指只顾自己，不管他人的个人主义处世哲学。（选自文句："愈始闻而惑之，又从而思之，盖贤者也，盖所谓独善其身者也。"）

一身二任：意思为一个人承担两种任务。（选自文句："一身而二任焉，虽圣者不可为也。"）

祭十二郎文
jì shí èr láng wén

唐 韩愈

年、月、日，季父①愈闻汝丧之七日，乃
nián yuè rì jì fù yù wén rǔ sāng zhī qī rì nǎi

某年某月某日，叔父韩愈在听到你去世消息的第七天，才得以强忍

能衔哀②致诚，使建中远具时羞之奠③，告汝
néng xián āi zhì chéng shǐ jiàn zhōng yuǎn jù shí xiū zhī diàn gào rǔ

哀痛，倾诉衷肠，派建中从远方备办了应时的佳肴作为祭品，祭告你十二郎

十二郎之灵：
shí èr láng zhī líng

的灵前：

呜呼！吾少孤，及长，不省所怙④，惟兄
wū hū wú shào gū jí zhǎng bù xǐng suǒ hù wéi xiōng

唉！我很小的时候就成了孤儿，等到长大，不知道父亲的样子，只

嫂是依。中年，兄殁南方，吾与汝俱幼，从嫂
sǎo shì yī zhōng nián xiōng mò nán fāng wú yǔ rǔ jù yòu cóng sǎo

有兄嫂能够相依。哥哥才到中年就客死南方，那时我和你都还年幼，跟随嫂

归葬河阳。既又与汝就食江南，零丁孤苦，未
guī zàng hé yáng jì yòu yǔ rǔ jiù shí jiāng nán líng dīng gū kǔ wèi

嫂把哥哥葬在河阳。后来又和你到江南谋生，零丁孤苦，不曾有一天分开啊。

cháng yí rì xiāng lí yě　wú shàng yǒu sān xiōng　jiē bú xìng zǎo shì
尝一日相离也。吾上有三兄，皆不幸早世。

我上面有三个哥哥，都不幸早逝。能继承先人而作为后嗣的，在孙子辈中只

chéng xiān rén hòu zhě　zài sūn wéi rǔ　zài zǐ wéi wú　liǎng shì yì shēn⑤
承先人后者，在孙惟汝，在子惟吾。两世一身⑤，

有你，在儿子辈中只有我。子孙两代各剩一人，真是形单影孤啊。嫂嫂曾经

xíng dān yǐng zhī　sǎo cháng fǔ rǔ zhǐ wú ér yán yuē　hán shì liǎng
形单影只。嫂尝抚汝指吾而言曰："韩氏两

抚着你对我说："韩家两代人，就只剩你们两个了！"你当时比我更小，应

shì　wéi cǐ ér yǐ　rǔ shí yóu xiǎo　dāng bú fù jì yì　wú
世，惟此而已！"汝时尤小，当不复记忆；吾

当是不会记得了；我当时虽然能记事了，但并不能明白嫂嫂的话中蕴含着多

shí suī néng jì yì　yì wèi zhī qí yán zhī bēi yě
时虽能记忆，亦未知其言之悲也！

少的悲凉啊！

①季父：年龄最小的叔父。②衔哀：心中含着悲哀。③建中：韩愈家中仆人的名字。羞：通"馐"，精美的食品。④怙：依靠，这里代指父亲。⑤两世一身：子辈和孙辈均只剩一个男丁。

wú nián shí jiǔ　shǐ lái jīng chéng　qí hòu sì nián　ér guī shì
吾年十九，始来京城。其后四年，而归视

我十九岁那年，初次来到京城。过了四年，我回去看过你。又过了

rǔ　yòu sì nián　wú wǎng hé yáng xǐng fén mù　yù rǔ cóng sǎo sāng lái
汝。又四年，吾往河阳省坟墓，遇汝从嫂丧来

四年，我前往河阳祖坟凭吊，碰上你护着嫂嫂的灵柩前来安葬。又过了两年，

zàng　yòu èr nián　wú zuǒ dǒng chéng xiàng①　yú biàn zhōu　rǔ lái xǐng
葬。又二年，吾佐董丞相①于汴州，汝来省

我在汴州做董丞相的助手，你来探望我，住了一年，便要求回去接家眷来。

吾，止一岁，请归取其孥②。明年，丞相薨③，

第二年，董丞相去世，我离开汴州，你没有来成。这一年，我到徐州协理军务，

吾去汴州，汝不果来。是年，吾佐戎徐州④，

派去接你的人刚动身，我又被罢职离开徐州，你又没能来成。我思忖着，

使取汝者始行，吾又罢去，汝又不果来。吾

就算你跟着我到东边来，也是客居在这里，不是长久之计；如果从长远打算，

念，汝从于东，东亦客也，不可以久，图久远

不如等我回到西边，安顿好后再接你过来。唉！谁能料到你突然离我而去

者，莫如西归，将成家而致汝。呜呼！孰谓汝

了呢？

遽去吾而殁乎⑤？

①董丞相：名晋，字混成。时为宣武军节度使，韩愈当时在他的幕下任观察推官。②孥：妻子和儿女的统称。③薨：古代诸侯或有爵位的大官死去的说法。④佐戎徐州：指韩愈在徐州任节度推官。⑤遽：骤然。殁：死去。

wú yǔ rǔ jù shào nián　　yǐ wéi suī zàn xiāng bié　　zhōng dāng jiǔ
吾与汝俱少年，以为虽暂相别，终当久

我和你都还年轻，以为尽管暂时分别，终会长久地住在一起，所以

xiāng yǔ chù　　gù shě rǔ ér lǚ shí jīng shī　　yǐ qiú dǒu hú　zhī
相与处，故舍汝而旅食京师，以求斗斛①之

我才丢下你跑到京城来求取功名，以求微薄的俸禄。要是早知道会是这样的

lù　chéng zhī qí rú cǐ　　suī wàn shèng　zhī gōngxiàng　wú bù yǐ yí
禄。诚知其如此，虽万乘②之公相，吾不以一

结果，即使有厚禄的宰相公卿之位，我也一天不会离开你而去上任啊！

rì chuò rǔ ér jiù yě
日辍汝而就也！

①斛：古量器名，十斗为一斛。　②万乘：指高官厚禄。古代兵
车一乘，有马四匹。封国大小以兵赋计算，凡地方千里的大国，
称为万乘之国。这里的"万乘"形容最高的俸禄。

qù nián①　　mèngdōng yě②wǎng　　wú shū yǔ rǔ yuē　　　　wú
去年①，孟东野②往，吾书与汝曰："吾

去年，孟东野到你那边去，我捎信给你说："我虽然还不到四十岁，

nián wèi sì shí　　ér shì máng máng　　ér fà cāng cāng　　ér chǐ yá dòng
年未四十，而视茫茫，而发苍苍，而齿牙动

可是视力已经模糊，头发已经斑白，牙齿也有松动的了。想到我的叔伯父

yáo　niàn zhū fù yǔ zhū xiōng　jiē kāngqiáng ér zǎo shì　　rú wú zhī
摇。念诸父与诸兄，皆康强而早世，如吾之

兄，都是身体强健但却早早地去世，像我这样身体衰弱的人，怎么能活得

shuāi zhě　　qí néng jiǔ cún hū　　wú bù kě qù　　rǔ bù kěn lái　　kǒng
衰者，其能久存乎？吾不可去，汝不肯来，恐

长久呢？我离不开这里，你又不肯前来，我深恐有朝一日我撒手人寰，你

dàn mù sǐ　ér rǔ bào wú yá zhī qī ③ yě　　shú wèi shào zhě mò
旦暮死，而汝抱无涯之戚③也。"孰谓少者殁
将会陷入无边无际的悲哀啊！"谁知年少的先死了而年长的还活着，强健

ér zhǎng zhě cún　qiáng zhě yāo ér bìng zhě quán hū
而长者存，强者夭而病者全乎？
的夭折了而病弱的却保全了！

wū hū　qí xìn rán yé　qí mèng yé　qí chuán zhī fēi qí
呜呼！其信然邪？其梦邪？其传之非其
唉！这是真的呢？还是做梦呢，还是传来的消息不真呢？如果是

zhēn yé　xìn yě　wú xiōng zhī shèng dé ér yāo qí sì hū　rǔ zhī
真邪？信也，吾兄之盛德而夭其嗣乎？汝之
真的，为什么我哥哥有美好的德行反而会使他的后嗣过早夭折呢？像你这

chúnmíng ér bú kè méng qí zé hū ④　shào zhě qiáng zhě ér yāo mò ⑤
纯明而不克蒙其泽乎④？少者强者而夭殁⑤，
样纯正聪明却为何不能承受先人的恩泽呢？年轻的、强健的反而夭折，年

zhǎng zhě shuāi zhě ér cún quán hū　wèi kě yǐ wéi xìn yě　mèng yě
长者衰者而存全乎？未可以为信也！梦也，
长的、衰弱的反而保全，这真是让人不能相信啊！如果是在做梦，是传来

chuán zhī fēi qí zhēn yě　dōng yě zhī shū　gěng lán zhī bào　hé wèi
传之非其真也，东野之书，耿兰之报，何为
的消息不真实；可是，东野的书信，耿兰的报丧，为什么又在我的身边呢？

ér zài wú cè yě　wū hū　qí xìn rán yǐ　wú xiōng zhī shèng dé
而在吾侧也？呜呼！其信然矣！吾兄之盛德
唉！这是真的啊！我哥哥品行美好而他的儿子却夭折了！你纯正聪明，最

ér yāo qí sì yǐ　rǔ zhī chúnmíng yí yè qí jiā zhě　bú kè méng qí
而夭其嗣矣！汝之纯明宜业其家者，不克蒙其
适合继承家业，却不能承受先人的恩泽！这就是所谓的天命实难预测，神

zé yǐ　suǒ wèi tiān zhě chéng nán cè　ér shén zhě chéng nán míng yǐ
泽矣！所谓天者诚难测，而神者诚难明矣！
旨实难明白呀！这就是所谓的天理没法推究，寿命不能知晓呀！

suǒ wèi lǐ zhě bù kě tuī　　ér shòu zhě bù kě zhī yǐ
所谓理者不可推，而寿者不可知矣！

①去年：指贞元十八年（802年）。 ②孟东野：即韩愈的诗友孟
郊。 ③无涯之戚：无穷的悲伤。 ④纯明：纯正贤明。不克：不能。
蒙：承受。 ⑤殁：死亡。

suī rán　　wú zì jīn nián lái　　cāng cāng zhě huò huà ér wéi bái
虽然，吾自今年来，苍苍者或化而为白
虽然如此，我自今年来，斑白的头发有的变成全白了，动摇的牙齿

yǐ　　dòng yáo zhě huò tuō ér luò yǐ　　máo xuè rì yì shuāi　　zhì qì rì
矣，动摇者或脱而落矣，毛血日益衰，志气日
有的已经脱落了，身体愈加衰弱，精神日益衰减，过不了多久也要随你同去

yì wēi　　jǐ hé bù cóng rǔ ér sǐ yě　　sǐ ér yǒu zhī　　qí jǐ hé
益微，几何不从汝而死也。死而有知，其几何
了！如果你地下有知，那我们的分离又还能有多久呢？如果你长眠地下，不

lí　　qí wú zhī　　bēi bù jǐ shí　　ér bù bēi zhě wú qióng qī yǐ
离？其无知，悲不几时，而不悲者无穷期矣。
再有任何的知觉，那我也就悲伤不了多少时日，而不悲伤的日子倒是无穷无

rǔ zhī zǐ shǐ shí suì　　wú zhī zǐ shǐ wǔ suì　　shào ér qiáng zhě bù kě
汝之子始十岁，吾之子始五岁，少而强者不可
尽啊！你的儿子刚十岁，我的儿子刚五岁，年轻而强健的尚不能保全，像这

bǎo　　rú cǐ hái tí zhě　　yòu kě jì qí chéng lì yé　　wū hū āi
保，如此孩提者，又可冀其成立邪？呜呼哀
样的小孩子，又怎么能期望他们长大成人呢？唉！实在可悲啊！唉！实在可

zāi　　wū hū āi zāi
哉！呜呼哀哉！
悲啊！

汝去年书云："比^①得软脚病，往往而
你去年来信说："近来得了软脚病，时常发作，很厉害。"我回信

剧。"吾曰："是疾也，江南之人常常有之。"
说："这种病，江南的人常常有。"并未因此而把这当作忧虑的事。唉！

未始以为忧也。呜呼，其竟以此而殒^②其生
谁知这种病竟然夺去了你的生命！还是另有别的疾病而导致发展到如此的

乎？抑^③别有疾而致斯乎？
地步呢？

①比：近来。②殒：死。③抑：表示选择，相当于"还是""或
者"。

汝之书，六月十七日也；东野云，汝殁以
你的信，是六月十七日写的；东野来信说，你是六月二日去世的；

六月二日；耿兰之报无月日。盖东野之使者，
耿兰报丧没有说你过世的日期。大约东野的使者没有想到要和家人问明

不知问家人以月日；如耿兰之报，不知当言月
死期；耿兰报丧，不知道应该讲明你去世的日期。或是东野写信给我时

日。东野与吾书，乃问使者，使者妄称以应
去问使者，使者就信口编了一个日期应付他罢了。是这样呢，还是不是

zhī ěr   qí rán hū   qí bù rán hū
之耳。其然乎？其不然乎？
这样呢？

jīn wú shǐ jiàn zhōng jì rǔ   diào   rǔ zhī gū   yǔ rǔ zhī
今吾使建中祭汝，吊①汝之孤②与汝之
如今我派建中去祭奠你，慰问你的儿子和你的乳母。他们的粮食供

rǔ mǔ   bǐ yǒu shí kě shǒu   yǐ dài zhōng sāng   zé dài zhōng sāng ér
乳母。彼有食可守，以待终丧，则待终丧而
应可以守丧到丧期终了，就等到丧期满了以后再把他们接过来；如果无法守

qǔ yǐ lái   rú bù néng shǒu yǐ zhōng sāng   zé suì qǔ yǐ lái   qí
取以来；如不能守以终丧，则遂取以来。其
到丧期终了，那我现在就把他们接过来。其余的奴婢，就让他们为你守丧吧。

yú nú bì   bìng lìng shǒu rǔ sāng   wú lì néng gǎi zàng   zhōng zàng rǔ
余奴婢，并令守汝丧。吾力能改葬③，终葬汝
等到我有能力改葬的时候，一定把你的灵柩迁回到祖先的墓地安葬，这样做

yú xiān rén zhī zhào   rán hòu wéi qí suǒ yuàn
于先人之兆④，然后惟其所愿。
了，才算了却我的心愿。

①吊：此指慰问。②孤：指十二郎的儿子。③力能改葬：假设之意。
即先暂时就地埋葬。④兆：墓地。

wū hū　　rǔ bìng wú bù zhī shí　　rǔ mò wú bù zhī rì　　shēng
呜呼！汝病吾不知时，汝殁吾不知日，生
唉！你生病我不知道是什么时候，你死了我不知道是哪个日子，你

bù néng xiāng yǎng yǐ gòng jū　　mò bù néng fǔ rǔ yǐ jìn āi　liàn①　bù
不能相养以共居，殁不能抚汝以尽哀，敛①不
健在的时候我不能和你互相照顾、同住一起；你死以后我不能抚摸你的遗体

píng qí guān　biǎn②　bù lín qí xué　　wú xíng fù shénmíng　　ér shǐ rǔ
凭其棺，窆②不临其穴。吾行负神明，而使汝
来表达我的哀思；你入殓的时候我不能紧靠你的棺木扶灵，你下葬的时候我

yāo　bú xiào bù cí　　ér bù dé yǔ rǔ xiāng yǎng yǐ shēng　xiāng shǒu yǐ
天。不孝不慈，而不得与汝相养以生，相守以
不能亲临你的墓穴。我的德行有负于神灵，因而使你夭折。我对上不能孝顺，

sǐ　　yí zài tiān zhī yá　　yí zài dì zhī jiǎo　　shēng ér yǐng bù yǔ wú
死。一在天之涯，一在地之角，生而影不与吾
对下不能慈爱，没有和你互相照顾一起生活，相依相守一直到死。一个在天

xíng xiāng yǐ　　sǐ ér hún bù yǔ wú mèng xiāng jiē　　wú shí wéi zhī
形相依，死而魂不与吾梦相接，吾实为之，
涯，一个在地角，活着的时候你的影子不能与我的身形相依，死去之后你的

qí yòu hé yóu　　bǐ cāng zhě tiān　　hé qí yǒu jí③
其又何尤！"彼苍者天"，"曷其有极"③！
灵魂又不曾来到我的梦中；这实在是我造成的，还能怨谁呢！"茫茫无际的
苍天啊"，"我的悲痛哪里有尽头呢"！

①敛：通"殓"。②窆：埋葬。③"彼苍者天"两句：语本《诗
经·唐风·鸨羽》："悠悠苍天，曷其有极。"

zì jīn yǐ wǎng　　wú qí wú yì yú rén shì yǐ　　dāng qiú shù
自今以往，吾其无意于人世矣！当求数
从今以后，我对人世没有什么可留恋的了！应当在伊水、颍水旁

qǐng zhī tián yú yī   yǐng zhī shàng①   yǐ dài yú nián   jiào wú zǐ yǔ rǔ
顷之田于伊、颍之上①，以待余年。教吾子与汝
边买几顷田，打发我余生的时光。教育我的儿子和你的儿子，期望他们

zǐ   xìng qí chéng   zhǎng wú nǚ yǔ rǔ nǚ   dài qí jià   rú cǐ ér
子，幸其成；长吾女与汝女，待其嫁。如此而
长大成才；抚养我的女儿和你的女儿，等待她们受聘出嫁。我唯愿如此

yǐ
已。
而已。

wū hū   yán yǒu qióng ér qíng bù kě zhōng   rǔ qí zhī yě yé
呜呼！言有穷而情不可终，汝其知也邪？
唉！话有说尽的时候，而感情却没有终止的地方，你是知道呢，还

qí bù zhī yě yé   wū hū āi zāi   shàng xiǎng②
其不知也邪？呜呼哀哉！尚 飨②。
是什么都不知道了呢？唉！悲哀呀！请享用我的祭品吧！

①伊、颍之上：指韩愈的家乡。伊：伊水。颍：颍水。②尚飨：
是希望死者来享用祭品的意思，多用作祭文的结语。尚：庶几，
表示希望。

深入浅出读古文

韩愈三岁丧父，由长兄韩会、嫂郑氏抚养，自幼与侄儿十二郎同窗共读，相依相伴，感情很深。韩愈离开家乡出仕做官后，本打算一切安定下来后就把侄子接来同住，不料十二郎却夭折了。韩愈怀着万分沉痛的心情写下了这篇祭文。

这篇文章以追忆往昔与十二郎的一点一滴为主线，中间夹杂着作者的无限哀思和沉痛之情，文字曲折反复，一切语言皆发自肺腑。文章中语气助词极多，自"其信然邪"以下，至"几何不从汝而死也"，仅三十句，句尾连用三次"邪"字，连用三次"乎"字，连用四次"也"字，连用七次"矣"字，蕴含无限凄切，堪称祭文中的千古绝调。

知识加油站

祭文

祭文，文体名。内容主要为哀悼、祷祝、追念死者生前主要经历，颂扬他的品德业绩，寄托哀思，激励生者。同时，祭文也是为祭奠死者而写的哀悼文章，是供祭祀时诵读的。

<ruby>柳<rt>liǔ</rt></ruby> <ruby>子<rt>zǐ</rt></ruby> <ruby>厚<rt>hòu</rt></ruby> <ruby>墓<rt>mù</rt></ruby> <ruby>志<rt>zhì</rt></ruby> <ruby>铭<rt>míng</rt></ruby>

唐 韩愈

子厚讳宗元①。七世祖庆②，为拓跋魏侍

子厚，名宗元。他的七世祖柳庆，是北魏的侍中，封济阴公。曾伯

中，封济阴公。曾伯祖奭，为唐宰相，与褚遂

祖柳奭，在唐朝曾出任宰相，与褚遂良、韩瑗一同得罪了武后，在高宗时期

良、韩瑗俱得罪武后，死高宗朝。皇考③讳

死去。父亲柳镇，为了侍奉母亲，放弃了太常博士的职位，请求到江南去做

镇，以事母弃太常博士④，求为县令江南。其

县令。后来又因为不会讨好权贵人物，丢掉了御史的官职。直到那个权贵死

后以不能媚权贵⑤，失御史。权贵人死，乃复

了，才重新被任命为侍御史。他为人以刚正耿直著称，同他交往的，都是当

拜侍御史。号为刚直，所与游，皆当世名人。

时的名士。

①讳：避讳。古人尊敬死者，不直呼其名，故在其名字前面加"讳"字表示尊敬。　②七世祖庆：据史书载，柳庆曾任北魏侍中，到北周时，其儿子被封为济阴公。作者在这里说柳庆被封为济阴公，其实是误记。③皇考：代指先父。④太常博士：太常寺掌管祭祀之事的官员。⑤权贵：这里指窦参。

zǐ hòu shào jīng mǐn　　wú bù tōng dá　dài① 　qí fù shí　suī
子厚少精敏，无不通达。逮①**其父时，虽**
子厚小时候就聪敏非常，没有什么事理不通晓。当他父亲还在世时，

shào nián　　yǐ zì chéng rén　　néng qǔ jìn shì dì　　zhǎn rán xiàn tóu jiǎo②
少年，已自成人。能取进士第，崭然见头角②**，**
他虽然年轻，却已经自立成才，能考中进士，崭露头角，众人都说柳家有个

zhòng wèi liǔ shì yǒu zǐ③　yǐ　　qí hòu yǐ bó xué hóng cí④　　shòu jí
众谓柳氏有子③**矣。其后以博学宏词**④**，授集**
成器的儿子。此后他又通过了博学宏词科的考试，被任命为集贤殿正字。他

xián diàn zhèng zì⑤　　jùn jié lián hàn　　yì lùn zhèng jù jīn gǔ　　chū
贤殿正字⑤**。俊杰廉悍，议论证据今古，出**
才智出众，端方刚勇，发表议论时旁征博引，精通经传史籍以及诸子百家的

rù jīng shǐ bǎi zǐ　chuō lì fēng fā⑥　　shuài cháng qū qí zuò rén　míng
入经史百子，踔厉风发⑥**，率常屈其座人，名**
著作；他意气风发，议论深刻犀利而有见地，经常使在座的人折服，声名因

shēng dà zhèn　　yì shí jiē mù yǔ zhī jiāo　　zhū gōng yào rén　zhēng yù
声大振，一时皆慕与之交。诸公要人，争欲
此而大振，一时间人们都敬慕且想与他交往。那些公卿显要们，争着想要把

lìng chū wǒ mén xià　　jiāo kǒu jiàn yù zhī
令出我门下，交口荐誉之。
他收作自己的门生，并且异口同声地推荐、称赞他。

① 逮：等到。 ② 嶄然：高峻突出的样子。见：同"现"，显现。
③ 有子：有光耀门楣之子。 ④ 博学宏词：博学宏词科的考试。
在唐制中，进士及第者可参加此科考试，考试录取后即授予官职。
⑤ 集贤殿正字：官名，掌管整理、校正书籍等。 ⑥ 踔厉风发：
议论纵横，见地高远。

贞元十九年，由蓝田尉拜监察御史①。顺
贞元十九年，子厚由蓝田县尉晋升为监察御史。顺宗即位后，升为

宗即位，拜礼部员外郎。遇用事者得罪，例出
礼部员外郎。遭逢与他关系密切的当权者获罪，他也按例被遣出朝廷去做刺

为刺史。未至，又例贬永州司马。居闲，益自
史。还未到任，又按例再被贬为永州司马。他闲居散职却更加刻苦用功，专

刻苦，务记览，为词章，泛滥停蓄，为深博无
心记诵，博览群书，他写的诗词文章，文笔汪洋恣肆，气韵雄浑内敛，精深

涯涘②，而自肆于山水间。
博大有如江海之无边无际，他自己则纵情于山水之间。

元和中，尝例召至京师，又偕出为刺史，
元和年间，朝廷曾将他和一道被贬的人召回京城，又将他们一道遣

而子厚得柳州。既至，叹曰："是岂不足为政
放出京去做刺史，子厚被分派到柳州。到任之初，他曾经感叹说："这里难

83

邪？”因其土俗，为设教禁③，州人顺赖。其
道就做不出政绩吗？”于是根据当地的风俗，推行教化，制定禁令，柳州民

俗以男女质钱，约不时赎，子本相侔④，则没
众都顺从并且信赖他。当地有向人借钱时以儿女作为抵押的陋俗，如不能按

为奴婢。子厚与设方计，悉令赎归。其尤贫力
约定的期限将人赎回，等到应付的利钱与本钱相等时，债主就将人质没收为

不能者，令书其佣⑤，足相当，则使归其质。
奴婢。子厚为借钱的人想到万全之策，让他们全都能将子女赎回。那些贫穷

观察使⑥下其法于他州，比一岁，免而归者且
而实在无力赎的，就让债主把被质押的人每天的工钱记下来，当工钱足以抵

千人。衡湘以南为进士者，皆以子厚为师。其
销借款的本利时，便要债主归还人质。观察使把这个办法推行到其他的州县，

经承子厚口讲指画为文词者，悉有法度可观。
刚实行一年，免除了奴婢身份而归家的就有近千人之多。衡山和湘水以南考
进士的人，都把子厚当作老师。那些经过子厚亲自讲授和指点的人所写的文
章，都合乎规范，值得观览。

①蓝田尉：蓝田县的县尉，掌管缉捕盗贼等事。监察御史：官名，
掌管监察百官、巡检州县的刑狱、军戎、礼仪等事。 ②涯涘：水
的边际。 ③教禁：教化和禁令。 ④相侔：相等。 ⑤佣：这里
指按劳动算报酬。 ⑥观察使：唐代中央派往地方考察州县官吏政
绩的官员。

其召至京师而复为刺史也，中山刘梦得
当子厚被召回京城而又外派为刺史的时候，中山人刘梦得禹锡也在

禹锡亦在遣中，当诣播州①。子厚泣曰："播
遣放之列，应当前往播州。子厚流着眼泪说："播州，不是一般人所能居住

州，非人所居，而梦得亲在堂，吾不忍梦得
的地方，而梦得还有老母在堂，我不忍心看到梦得的处境困窘——无法对母

之穷，无辞以白其大人，且万无母子俱往理。"
亲说这件事，况且也绝没有让母子同赴播州的道理。"他向朝廷请求，上书

请于朝，将拜疏②，愿以柳易播，虽重得罪，
皇帝，愿以柳州换播州，即使因此再次获罪，虽死无恨。此时正好又有人将

死不恨。遇有以梦得事白上者，梦得于是改
梦得的事禀报了皇帝，梦得因此改做连州刺史。唉！士人在困窘时才最能表

刺连州③。呜呼，士穷乃见节义。今夫平居
现出节义。当今的人们平日里同居于街巷之中，敬慕要好，设宴邀客游戏娱

里巷相慕悦，酒食游戏相征逐④，诩诩⑤强
乐，相互吹捧讨好并且强作笑颜，装出谦恭的样子，握手倾诉以表明肝胆相

笑语以相取下，握手出肺肝相示，指天日涕
照，指着苍天痛哭流涕，发誓要生死与共，不相背离，简直像真的一样可信。

泣，誓生死不相背负⑥，真若可信。一旦临
然而一旦碰上小的利害冲突，哪怕小得仅如毛发一般，就会反目相向，好像

85

小利害，仅如毛发比⑦，反眼若不相识，落陷

从来都不认识一样。朋友落入陷阱，他不但不伸手援救，反而乘机推挤，往

阱，不一引手救，反挤之又下石焉者，皆是

下丢石头，这样的人到处都是。这是禽兽和野蛮人都不忍心去做的，而那些

也。此宜禽兽夷狄所不忍为，而其人自视以为

人却以为自己的算计很成功。当他们听到子厚的为人风度，也可以稍稍知道

得计。闻子厚之风，亦可以少愧矣。

羞愧了吧。

①诣：前往。播州：今贵州遵义。②拜疏：呈奏章。③连州：今
广东连县。④征逐：朋友间往来频繁。⑤诩诩：说大话。⑥背负：
背离，变心。⑦比：类似。

子厚前时少年，勇于为人，不自贵重顾

子厚年轻时，勇于帮助别人，不知道保重和顾惜自己，以为可以很

藉①，谓功业可立就，故坐废退。既退，又无

快地成就功名事业，因此遭到牵连而被贬黜。被贬以后，又没有了解自己而

相知有气力得位者推挽②，故卒死于穷裔③。材

又有能力和权位的人的推荐和提拔，所以最终死在了穷乡僻壤，才干未为当

不为世用，道不行于时也。使子厚在台省④时，

世所用，抱负也未能得到施展。假使子厚在御史台和尚书省的时候，能够对

zì chí qí shēn　　yǐ néng rú sī mǎ　　cì shǐ shí　　yì zì bú chì
自持其身，已能如司马、刺史时，亦自不斥。
自己的言行有所约束，像后来做司马、刺史时那样，也就不会遭受贬斥了。

chì shí yǒu rén lì néng jǔ zhī　　qiě bì fù yòng bù qióng　　rán zǐ hòu chì
斥时有人力能举之，且必复用不穷。然子厚斥
遭受贬斥之后，如果有人能够极力保举他，他也一定会重新得到起用而不致

bù jiǔ　　qióng bù jí　　suī yǒu chū yú rén　　qí wén xué cí zhāng　　bì
不久，穷不极，虽有出于人，其文学辞章，必
陷入穷困的境地。然而如果子厚被贬斥的时间不长，如果穷困没有到达极点，

bù néng zì lì yǐ zhì bì chuán yú hòu rú jīn　　wú yí yě　　suī shǐ
不能自力以致必传于后如今，无疑也。虽使
他虽然能在功业上超越别人，但他的文学辞章，必定不会因为自己的刻苦不

zǐ hòu dé suǒ yuàn　　wéi jiàngxiàng yú yì shí　　yǐ bǐ yì cǐ　　shú dé
子厚得所愿，为将相于一时，以彼易此，孰得
息而像今天这样传诵于后世，这一点是确定无疑的。即便是子厚满足了个人

shú shī　　bì yǒu néng biàn zhī zhě
孰失，必有能辨之者。
心愿，在一个时期内出将入相，但用那个交换这个，哪个是得，哪个是失，
必有心中有数之人。

① 顾藉：顾惜。　② 推挽：推举提携。　③ 穷裔：穷困的边远地方。
④ 台省：御史台和尚书省。

zǐ hòu yǐ yuán hé shí sì nián shí yī yuè bā rì zú　　nián
子厚以元和十四年十一月八日卒，年
子厚于元和十四年十一月八日去世，享年四十七岁。元和十五年七

sì shí qī　　yǐ shí wǔ nián qī yuè shí rì　　guī zàng wàn nián xiān rén mù
四十七。以十五年七月十日，归葬万年先人墓
月十日，他的灵柩被迁回万年县祖坟安葬。子厚有两个儿子，长子名叫周六，

侧。子厚有子男二人，长曰周六，始四岁；季
刚刚四岁；次子名叫周七，是子厚死后才出生的；还有两个女儿，都还幼小。

曰周七，子厚卒乃生。女子二人，皆幼。其得
子厚能归葬于祖坟，费用都是现任观察使河东人裴行立所资助。行立有节操

归葬也，费皆出观察使河东裴君行立。行立
气概，讲求信守诺言，和子厚交情很深，子厚对他也是尽心尽力，最后全靠

有节概，重然诺①，与子厚结交，子厚亦为之
行立出力料理后事。把子厚安葬在万年县祖坟的，是他的表弟卢遵。卢遵是

尽，竟赖其力。葬子厚于万年之墓者，舅弟②
涿州人，生性谨慎，做起学问来孜孜不倦。自从子厚被贬斥以来，卢遵就一

卢遵。遵，涿人，性谨慎，学问不厌。自子厚
直跟他住在一起，直到他去世也不曾离开。卢遵送子厚归葬后，又安排料理

之斥，遵从而家焉，逮其死不去。既往葬子
子厚的家事，他可以说是一位有始有终的人了。

厚，又将经纪其家，庶几有始终者。

铭曰：是惟子厚之室③，既固既安，以利
铭文道：这里是子厚安息的地方，既稳固又安宁，会有利于他的后代。

其嗣人。

①重然诺：讲信用。　②舅弟：舅父的儿子。　③室：指墓穴。

深入浅出读古文

　　本文是韩愈为故去好友柳宗元所写的墓志铭。作者通过对柳宗元个人生平事迹的描写，高度赞扬了柳宗元的文学才能、政治才能和高尚品行，对柳宗元仕途的坎坷、穷困潦倒的生活给予同情，也对柳宗元给予了很高的评价。

　　本文先写柳宗元的身世、为人、政绩、世系、子嗣等内容，交代了柳宗元的个人总体情况。接着写柳宗元遭贬、在永州刻苦作文、在柳州的政绩等内容，而后对柳宗元一生进行总结，既有惋惜，也有欣慰，情节波澜起伏，包含浓浓友情。最后写柳宗元之死及归葬，表现了对柳宗元子女的关切之情。此篇墓志铭抑扬隐显不失实，饱含朋友的无限爱惜之情。文章在叙事上简净生动，多用逆笔，正反夹说，娓娓道来。

知识加油站

墓志铭

　　墓志铭是一种悼念性的文体，一般由志和铭两部分组成。志多用散文撰写，叙述逝者的姓名、籍贯、生平事略；铭则用韵文概括全篇，主要是对逝者一生的评价。但也有只有志或只有铭的。墓志铭可以是自己生前写的，也可以是别人写的。

种树郭橐驼传

唐 柳宗元

作者档案

柳宗元（773年～819年），字子厚，河东（现山西西南部）人，"唐宋八大家"之一，唐代文学家，世称"柳河东""河东先生"，因官终柳州刺史，又称"柳柳州"。著有《河东先生集》，代表作有《溪居》《江雪》《渔翁》等。

郭橐驼①，不知始何名。病偻②，隆然伏行③，有类橐驼者，故乡人号之"驼"。驼闻

郭橐驼，不知道他原名叫什么。他患有伛偻病，整天驼着背，脸朝着地行走，就像骆驼一样，所以乡里人叫他"驼"。橐驼听到后说："很不错，

zhī yuē　　shèn shàn　　míng wǒ gù dàng　　yīn shě qí míng　　yì zì
之曰："甚善，名我固当。"因舍其名，亦自
用这个名字称呼我很恰当。"因此他放弃了自己的原名，也自称起"橐驼"来。

wèi　 tuó tuó　 yún
谓"橐驼"云。

①橐驼：骆驼，此处指驼背。②偻：伛偻病。③隆然：指背部隆起。
伏行：低头俯身而行。

qí xiāng yuē fēng lè xiāng　　zài cháng ān xī　　tuó yè zhòng shù
其乡曰丰乐乡，在长安西。驼业种树，
他的家乡叫丰乐乡，在长安西郊。郭橐驼以种树为生，凡是长安那

fán cháng ān háo jiā fù rén wéi guān yóu ① jí mài guǒ zhě　　 jiē zhēng yíng
凡长安豪家富人为观游①及卖果者，皆争迎
些经营园林游览的豪富人家，以及那些靠卖水果为生的人，都争着雇佣他。

qǔ yǎng　　shì tuó suǒ zhòng shù　　huò qiān xǐ ②　 wú bù huó　 qiě shuò
取养。视驼所种树，或迁徙②，无不活，且硕
平日里看那橐驼所种的树，即使是移植的，也没有不成活的，而且长得高大

mào ③　 zǎo shí yǐ fán ④　　 tā zhí zhě suī kuī sì xiào mù ⑤　 mò
茂③，早实以蕃④。他植者虽窥伺效慕⑤，莫
茂盛，果实往往结得又早又多。别的种树人虽然暗中仿效，也没有谁能比得

néng rú yě
能如也。
上他。

①为观游：经营园林游览。为：从事，经营。②迁徙：指移植。
徙：迁移。③硕茂：高大茂盛。④繁多。⑤窥伺：偷偷地察看。

效慕：仿效。

有问之，对曰："橐驼非能使木寿且孳
有人问他其中的奥秘，他说："橐驼并不能使树木活得长久和茂盛，

也，能顺木之天①，以致②其性焉尔。凡植木
只是能顺应树木的天性，让它按照自己的本性生长罢了。树木的本性是，它

之性，其本欲舒，其培欲平，其土欲故，其筑
的根要舒展，要培土均匀，它喜欢已经习惯了的土壤，四周的土要捣结实。

欲密。既然已，勿动勿虑，去不复顾。其莳③
这样做了之后，就不要再去动它，也不必为它操心，种好后可以连头也不回

也若子，其置也若弃，则其天者全而其性得
地离开。栽种时要像抚育子女一样细心，种完后要像把它丢弃了一样不再照

矣。故吾不害其长而已，非有能硕茂之也；
看，这样就能让树木按照自己的本性健康成长了。所以我只不过是不妨碍它

不抑耗其实而已，非有能早而蕃之也。他植者
生长罢了，并不能使它长得高大茂盛；只不过是不抑制、延缓它果实的生长

则不然，根拳而土易，其培之也，若不过焉则
罢了，并不能使它的果实结得又早又多。别的种树人就不是这样，他们种树

不及。苟有能反是者④，则又爱之太殷，忧之
时没有让树根伸展，又让它离开了已经习惯了的土壤。他们培土，不是土多

太勤，旦视而暮抚，已去而复顾。甚者爪其肤⑤

了就是土不够。如果有能不这样种植的，则又爱护得过分，总是想着它，早

以验其生枯，摇其本以观其疏密，而木之性

晨去看看，晚上去摸摸，离开之后又跑来看一下。更有甚者竟然抓破树皮来

日以离矣。虽曰爱之，其实害之；虽曰忧之，

验查它是死是活，摇动根部来观察栽得是松是紧；这样的话，树木的活力就

其实仇之。故不我若也，吾又何能为哉！"

会一天不如一天。。这些人虽说是爱它，其实是害它；虽说是担心它，其实

是与它为敌。所以他们种树都比不上我，其实我哪有什么特殊能耐？"

①天：天性。②致：尽。③莳：种，栽。④苟：如果。反是者：

与此相反的人。⑤爪其肤：挖破树皮。爪：挖。肤：指树皮。

问者曰："以子之道，移之官理，可乎？"

问的人说："把你种树的道理，用到做官治理百姓上，可以吗？"

驼曰："我知种树而已，官理非吾业也。然吾

橐驼说："我只知道种树而已，做官治理百姓不是我的职业。但是我住在乡

居乡，见长人者好烦其令，若甚怜焉，而卒

里的时候，看见那些当官的喜欢颁布繁多琐碎的命令，好像很怜惜老百姓，

以祸。旦暮吏来而呼曰：'官命促尔耕，勖①

结果却给百姓们带来灾祸。早晚都有差役跑来大喊，'长官催促你们耕地，

ěr zhí　dū ěr huò　　zǎo sāo　　 ér xù　zǎo zhī ér lǚ　 zì
尔植，督尔获，早缫②而绪，早织而缕，字③
鼓励你们种植，督促你们收割，早些缫你们的丝，早些织你们的布，抚养好

ér yòu hái　　suì　　④ ér jī tún　　　míng gǔ ér jù zhī　　 jī mù ér
而幼孩，遂④而鸡豚。'鸣鼓而聚之，击木而
你们的小孩，喂大你们的鸡和猪'。时不时地敲起鼓将大家聚到一起，打着

zhào zhī　　wú xiǎo rén chuò sūn yōng　 yǐ láo lì zhě　　qiě bù dé xiá
召之。吾小人辍飧饔⑤以劳吏者，且不得暇，
梆子将大家招来。我们这些小老百姓，就算晚饭和早饭都不吃，去招待那些

yòu hé yǐ fán wú shēng ér ān wú xìng yé　　gù bìng qiě dài　　ruò shì
又何以蕃吾生而安吾性邪？故病且怠。若是，
差役也忙不过来，又怎能使我们人丁兴旺，生活安定呢？所以百姓都十分贫

zé yǔ wú yè zhě qí yì yǒu lèi hū
则与吾业者其亦有类乎？"
困疲惫了。这些与我所从事的职业或许有一些相似之处吧？"

①勖：勉励。②缫：煮茧抽丝。③字：养育。④遂：成长。⑤辍：
停止。飧：晚饭。饔：早饭。

wèn zhě yuē　　　xī　 bú yì shàn fú　　wú wèn yǎng shù　　 dé
问者曰："嘻，不亦善夫！吾问养树，得
问的人说："哈，这不是很好吗！我问种树，却得到了治理百姓的

yǎng rén shù　　　zhuàn qí shì yǐ wéi guān jiè yě
养人术。"传其事以为官戒也！
方法。"于是，我把这件事记载下来，作为官吏们的鉴戒。

深入浅出读古文

　　文中柳宗元介绍了郭橐驼的事迹和种树之道，提出"顺木之天，以致其性"的道理。本文其实是以郭橐驼种树暗喻统治者与百姓的关系，柳宗元在文末点明了主旨，即为政之道在于顺乎自然，不要用繁重的政令扰民，这样国家才会恢复元气。

　　本文开头先说明郭橐驼的身世，"甚善，名我固当"一句反映了他随遇而安、顺其自然的心态，也为下文做好了铺垫。三、四两段是重点。第三段一正一反说明种树的道理，也就是"顺木之天，以致其性"。随后柳宗元以"官理"引入正题，借种树的道理写为官之道。此文重在"既然""反是"两处转笔上，一虚一实，一宾一主，前后呼应。

知识加油站

成语词汇

　　橐驼之技：意思是指高明的栽培技艺。（选自本文，无具体句子）

梓人传 (节选)
zǐ rén zhuàn

唐 柳宗元

péi fēng shū zhī dì zài guāng dé lǐ yǒu zǐ rén kuǎn
裴封叔①之第，在光德里。有梓人②款
裴封叔的宅第在长安光德里。一天，有个木匠来敲他的门，希望用

qí mén yuàn yōng xì yǔ③ ér chǔ yān suǒ zhí xún yǐn guī jǔ
其门，愿佣隙宇③而处焉。所职寻引、规矩、
佣工的方式抵租，租几间空屋居住。这位木匠随身携带着量尺、校正方圆的

shéng mò④ jiā bù jū qián zhuó⑤ zhī qì wèn qí néng yuē
绳墨④，家不居砻斫⑤之器。问其能，曰：
工具、画直线的工具，居室中却不存放磨砺、砍削的工具。问他有什么技能，

wú shàn duó cái shì dòng yǔ zhī zhì gāo shēn yuán fāng duǎn
"吾善度材，视栋宇之制，高深、圆方、短
他说："我善于估算木材，审察房屋的规模，根据房屋高深、圆方、短长的

cháng zhī yí wú zhǐ shǐ ér qún gōng yì yān shě wǒ zhòng mò néng
长之宜，吾指使而群工役焉。舍我，众莫能
具体情况，确定用什么材料合适，指使工匠们干活。没有我，人再多也无法

jiù yì yǔ gù sì yú guān fǔ wú shòu lù sān bèi zuò yú sī
就一宇。故食于官府，吾受禄三倍；作于私
盖出一间房子来。所以如果是替官府干活儿，我的工钱是一般工匠的三倍；

jiā　wú shōu qí zhí dà bàn yān　　 tā rì　 rù qí shì　 qí
家，吾收其直大半焉。"他日，入其室，其
如果是替私人干活儿，我就要领取工钱的一大半儿。"一次，我走进他的房

chuáng quē zú ér bù néng lǐ　 yuē　　　 jiāng qiú tā gōng　　　 yú shèn
床 阙足而不能理，曰："将求他工。"余甚
中，见他的床缺了腿，他自己却不能修理，他对我说："打算另请别的工匠

xiào zhī　　 wèi qí wú néng ér tān lù shì huò zhě
笑之，谓其无能而贪禄嗜货者。
来修。"我觉得他非常好笑，认为他是个没有能耐却贪钱爱财的人。

①裴封叔：人名，柳宗元的姊夫。 ②梓人：木匠。 ③隟宇：空
闲的房子。 ④寻引：古代长度单位，八尺为寻，十丈为引。这里
指测量长度的工具。规矩：规是校正圆形、矩是校正正方形的木
工工具。绳墨：用来画直线的木工工具。 ⑤砻：磨。斫：削。

qí hòu　　 jīng zhào yǐn jiāng shì guān shǔ　　 yú wǎng guò yān　 wěi
其后，京兆尹将饰官署，余往过焉。委①
后来，京兆尹准备要整修官署，我前去观看。只见那里堆积了许多

qún cái　 huì zhòng gōng　 huò zhí fǔ jīn　　 huò zhí dāo jù　 jiē huán
群材，会众工。或执斧斤②，或执刀锯，皆环
木材，聚集了很多工匠。有的拿着斧头，有的拿着刀锯，都围着那个木匠站

lì xiàng zhī　 zǐ rén zuǒ chí yǐn　　 yòu zhí zhàng　 ér zhōng chǔ yān
立向之。梓人左持引，右执杖，而中处焉。
着。那木匠左手拿着尺，右手拿着杖，站在人群中间。他估量着房屋的情况，

liáng dòng yǔ zhī rèn③　　 shì mù zhī néng jǔ④　 huī qí zhàng yuē
量栋宇之任③，视木之能举④，挥其杖曰：
揣量着木材的承受能力，然后将手中的杖一挥，说："用斧子砍！" 那些

fǔ　　 bǐ zhí fǔ zhě bēn ér yòu　　 gù ér zhǐ yuē　　 jù
"斧！"彼执斧者奔而右。顾而指曰："锯！"
拿斧子的工匠便跑到右边去砍。又回头指着左边说："用锯子锯！" 那些拿

99

bǐ zhí jù zhě qū ér zuǒ　é ér　jīn zhě zhuó　dāo zhě xuē　jiē
彼执锯者趋而左。俄而，斤者斫，刀者削，皆
锯的人便跑到左边去锯。一会儿，拿斧头的工匠砍起来，拿刀的削起来，都

shì qí sè　sì⑤ qí yán　mò gǎn zì duàn zhě　qí bú shèng rèn
视其色，俟⑤其言，莫敢自断者。其不胜任
看着他的眼色，等待着他的吩咐，没有敢自作主张的。其中那些不能胜任的

zhě　nù ér tuì zhī　yì mò gǎn yùn⑥ yān　huà gōng yú dǔ⑦
者，怒而退之，亦莫敢愠⑥焉。画宫于堵⑦，
工匠，他便发着脾气将他们辞退了，也没有谁敢表露不满和怨恨。他在墙上

yíng chǐ ér qū jìn qí zhì　jì qí háo lí ér gòu dà shà　wú jìn tuì⑧
盈尺而曲尽其制，计其毫厘而构大厦，无进退⑧
画出的房屋设计图，图不过一尺见方，却能周详地表现出房屋的规模。在他

yān　jì chéng　shū yú shàngdòng yuē　mǒu nián mǒu yuè mǒu rì mǒu jiàn
焉。既成，书于上栋曰："某年某月某日某建"，
的精细计算下大厦建成完工，各部位紧凑结合，竟没有半点儿出入。官署修

zé qí xìng zì yě　fán zhí yòng zhī gōng bú zài liè　yú huán shì⑨ dà
则其姓字也，凡执用之工不在列。余圜视⑨大
成后，他在屋梁上写上"某年某月某日某某建"，署名是自己，而那些干活

hài　rán hòu zhī qí shù zhī gōng dà yǐ
骇，然后知其术之工大矣。
的工匠都不在列。我吃惊得瞪大了眼睛，这才懂得他的技术是多么精深高超。

①委：堆积。②斧斤：斧子。③任：规模。④举：承担。⑤俟：等待。⑥愠：怨恨。⑦堵：墙壁。⑧进退：指增减。⑨圜视：瞪圆了眼睛看。

jì ér tàn yuē　bǐ jiāng shě qí shǒu yì　zhuān qí xīn zhì　ér
继而叹曰：彼将舍其手艺，专其心智，而
接着我又感叹地说：那个木匠大概是一个舍弃具体手艺，致力于发

néng zhī tǐ yào　zhě yú　wú wén láo xīn zhě yì rén　láo lì zhě yì
能知体要①者欤？吾闻劳心者役人，劳力者役
挥自己心智，因而能够掌握事物关键的人吧？我听说劳心者使唤别人，劳力

yú rén　bǐ qí láo xīn zhě yú　néng zhě yòng ér zhì zhě móu　bǐ qí
于人。彼其劳心者欤？能者用而智者谋，彼其
者被人使唤。那个木匠应该是个劳心者吧？有能耐的人得到重用，有智慧的

zhì zhě yú　shì zú wéi zuǒ tiān zǐ xiàng tiān xià　fǎ yǐ　wù mò jìn
智者欤？是足为佐天子相天下②法矣，物莫近
人参与谋划，那个木匠应该是个有智慧的人吧！这足可以为辅佐天子治理国

hū cǐ yě
乎此也。
家的人效法了，再没有比这更相似的事情了。

①体要：主体和纲要。指关键。　②相天下：治理天下。

bǐ wéi tiān xià zhě běn yú rén　qí zhí yì zhě　wéi tú lì
彼为天下者本于人。其执役者，为徒隶，
治理国家之人的出发点是人。那些从事具体工作的人，是徒隶，是

wéi xiāng shī　lǐ xū①　qí shàng wéi xià shì　yòu qí shàng wéi zhōng
为乡师、里胥①，其上为下士，又其上为中
乡师、里胥，他们的上面是下士，下士上面是中士、上士，再往上是大夫，

shì　wéi shàng shì　yòu qí shàng wéi dà fū　wéi qīng　wéi gōng
士，为上士，又其上为大夫，为卿，为公。
是卿，是公。大略可以分为六种职别，又可以细分为各种差事。国都以外，

lí ér wéi liù zhí②　pàn③　ér wéi bǎi yì　wài bó④　sì hǎi
离而为六职②，判③而为百役。外薄④四海，
直到四方边境，有方伯、连帅这样的封疆大吏。每个郡有郡守，每个县有县

101

yǒu fāng bó　lián shuài　　jùn yǒu shǒu　　yì yǒu zǎi　　jiē yǒu zuǒ zhèng⑤
有方伯、连率。郡有守，邑有宰，皆有佐政⑤。
令，而且都有副手辅助行政。郡守县令下面有管文牍的小吏，再往下还有啬

qí xià yǒu xū lì　　yòu qí xià jiē yǒu sè fū　　bǎn yǐn⑥　　yǐ jiù
其下有胥吏，又其下皆有啬夫、版尹⑥，以就
夫、版尹来担当职役，就像工匠们各怀技能，靠劳力吃饭一样。那些辅佐天

yì yān　　yóu zhòng gōng zhī gè yǒu zhí jì yǐ shí lì yě　　bǐ zuǒ tiān
役焉，犹众工之各有执技以食力也。彼佐天
子治理国家的宰相，选拔各级官吏，赋予他们各种职务，指挥役使他们，制

zǐ xiàng tiān xià zhě　　jǔ ér jiā yān　　zhǐ ér shǐ yān　　tiáo qí gāng
子相天下者，举而加焉，指而使焉，条其纲
定治理国家的纲要并加以调整，规范法制并且常常进行整顿。这就像那位木

jì ér yíng suō yān　　qí qí fǎ zhì ér zhěng dùn yān　　yóu zǐ rén zhī
纪而盈缩焉，齐其法制而整顿焉，犹梓人之
匠用各式工具来确定规模一样。选拔天下的人才，使他们各称其职；安顿天

yǒu guī jǔ　　shéng mò yǐ dìng zhì yě　　zé tiān xià zhī shì　　shǐ chèn qí
有规矩、绳墨以定制也。择天下之士，使称其
下的百姓，使他们安居乐业。看了京城便能了解乡村的情况，看了乡村便能

zhí　　jū tiān xià zhī rén　　shǐ ān qí yè　　shì dū zhī yě　　shì yě
职；居天下之人，使安其业。视都知野，视野
了解全国的情况。它的远近大小，都可以凭借手中的地图推究出来，就好像

zhī guó　　shì guó zhī tiān xià　　qí yuǎn ěr⑦　　xì dà　　kě shǒu jù qí
知国，视国知天下，其远迩⑦细大，可手据其
那位木匠在墙上绘制房屋图样而后按图使工程完工一样。有才能的人，宰相

tú ér jiū yān　　yóu zǐ rén huà gōng yú dǔ ér jì yú chéng yě　　néng
图而究焉。犹梓人画宫于堵而绩于成也。能
就任用他，不要使他们感激谁的恩德；辞退没有才能的人，让他们离开职位，

zhě jìn ér yóu zhī　　shǐ wú suǒ dé　　bù néng zhě tuì ér xiū zhī　　yì
者进而由之，使无所德；不能者退而休之，亦
也没有谁会怨恨。做宰相不炫耀自己的才能，不夸大自己的名声，不亲自去

mò gǎn yùn　　bù xuàn⑧ néng　bù jīn míng　bù qīn xiǎo láo　bù qīn
莫敢愠。不炫⑧能，不矜名，不亲小劳，不侵
干各种琐碎的事情，不干涉各级官员的职权，每天与天下的杰出人士讨论国

zhòngguān　　rì yǔ tiān xià zhī yīng cái tǎo lùn qí dà jīng　　yóu zǐ rén zhī
众官，日与天下之英才讨论其大经，犹梓人之
事政策；就像那个木匠善于指挥各种工匠而不夸耀自己的技能一样。这样做，

shàn yùn zhòng gōng ér bù fá yì yě　　fú rán hòu xiàng dào dé ér wàn guó
善运众工而不伐艺也。夫然后相道得而万国
就符合宰相的职责，整个国家也就得到了治理。

lǐ yǐ
理矣。

①乡师、里胥：泛指小官吏。②六职：王公、士大夫、百工、商旅、
农夫、妇功六种职别。③判：细分。④薄：迫近。⑤佐政：指郡、
县等的副长官。⑥啬夫：帮助县令处理赋税、诉讼等事务的官吏。
版尹：主管户籍的官吏。⑦迩：近。⑧炫：卖弄才能。

......

yú wèi zǐ rén zhī dào lèi yú xiàng　　gù shū ér cáng zhī　　zǐ
余谓梓人之道类于相，故书而藏之。梓
我认为做木匠的道理与做宰相的道理有相似之处，所以写了这篇文

rén　　gài gǔ zhī shěn qū miàn shì zhě　　jīn wèi zhī　　dū liào jiàng
人，盖古之审曲面势者，今谓之"都料匠"
章并收藏起来。木匠，是古代审察各种木料曲直和形状的人。现在称之为"都

yún　　yú suǒ yù zhě　　yáng shì　　qián　　qí míng
云。余所遇者，杨氏，潜。其名。
料匠"。我遇到的那位木匠，姓杨，名潜。

──◆── 深入浅出读古文 ──◆──

文章以譬喻的手法，揭示了治国的道理。此文写木匠杨潜才能出众，他善于全面规划，对群工指挥得当，这实际是暗示了贤明宰相的治国之道。

文章在塑造人物形象的时候，主要通过人物语言和动作来体现。在语言上，首段写木匠回答裴封叔的话时，有一句说"舍我，众莫能就一宇"，此处可以看出木匠的自信。第二段写木匠指挥工人工作时，只说了"斧""锯"两个字，却把木匠的干练和大将风范描绘得惟妙惟肖。在动作描写上，木匠指挥百工时，"左持引，右执杖""量栋宇之任，视木之能举""顾而指"，透过这一系列动作，木匠自信练达的形象一览无余。

知识加油站

古代木匠常用的工具

古代木匠的常用工具主要有锯子、刨子、凿子、墨斗和鲁班尺。锯子：用来开料和切断木料。刨子：更细致地刨平修饰木料表面。凿子：用以凿孔和开槽。墨斗：用来弹线与较直屋柱等。鲁班尺：丈量与校正角度等。

义田记
yì tián jì

宋 钱公辅

作者档案

钱公辅（1021年～1072年），字君倚，武进（今江苏常州）人。宋代诗人。仁宗皇祐元年（1049年）进士。中进士后，曾任越州通判、集贤校理、开封府推官、知明州。同修起居注，进知制诰。

fàn wén zhèng gōng
范文正公①，苏人也。平生好施与②，
sū rén yě   píng shēng hào shī yǔ
范文正公，是苏州人士。他平生喜欢布施，选择那些与他关系亲近

zé qí qīn ér pín   shū ér xián zhě   xián   shī zhī
择其亲而贫，疏而贤者，咸③施之。
而又贫穷的、与他关系疏远却又贤良的人，都给予他们帮助。

① 范文正公：即范仲淹，"文正"是他的谥号。 ② 施与：把财物送给贫困的人。 ③ 咸：都，统统。

fāng guì xiǎn shí   zhì fù guō cháng rěn   zhī tián qiān mǔ   hào

方贵显时，置负郭常稔 ① 之田千亩，号

当他显贵的时候，购置了靠近城郭而且常年有好收成的田地千亩，

yuē yì tián   yǐ yǎng jì qún zú zhī rén   rì yǒu shí   suì yǒu

曰"义田"，以养济群族之人。日有食，岁有

称作"义田"，用来供养周济全族的人。使他们天天有饭吃，年年有衣穿，

yī   jià qǔ xiōng zàng jiē yǒu shàn   zé zú zhī zhǎng ér xián zhě zhǔ qí

衣，嫁娶凶葬皆有赡。择族之长而贤者主其

婚丧嫁娶都有所资助和贴补。选择族中年龄大而有德行的人主管账目，经常

jì   ér shí gòng chū nà yān   rì shí   rén yì shēng   suì yī   rén

计，而时共出纳焉。日食，人一升。岁衣，人

计算收入和支出。每天的口粮，是每人一升；每年的衣料，是每人一匹绸绢。

yì jiān   jià nǚ zhě wǔ shí qiān   zài jià zhě sān shí qiān   qǔ fù

一缣 ②，嫁女者五十千，再嫁者三十千，娶妇

嫁女儿的给钱五十千，嫁第二个女儿的给钱三十千；娶儿媳的给钱三十千，

zhě sān shí qiān   zài qǔ zhě shí wǔ qiān   zàng zhě rú zài jià zhī shù

者三十千，再娶者十五千，葬者如再嫁之数，

娶第二个儿媳的给钱十五千；办丧事给的钱和嫁第二个女儿的数目一样，葬

zàng yòu zhě shí qiān   zú zhī jù zhě jiǔ shí kǒu   suì rù jǐ dào bā bǎi

葬幼者十千。族之聚者九十口，岁入给稻八百

小孩的给钱十千。族中住在一起的一共九十口人，义田每年收入供分配的稻

hú   yǐ qí suǒ rù   jǐ qí suǒ jù   pèi rán ③   yǒu yú ér wú

斛。以其所入，给其所聚，沛然 ③ 有余而无

子有八百斛。用田产的收入，供给这些聚居的族人，绰绰有余而没有困乏。

qióng   bǐng ér jiā jū sì dài zhě yǔ yān④   shì ér jū guān zhě bà mò

穷。屏而家居俟代者与焉④，仕而居官者罢莫
周济那些罢了官回家乡居住、等候补缺的人；已经出来做官的就停止供给。

jǐ cǐ qí dà jiào⑤ yě

给。此其大较⑤也。
这是义田的大概情况。

①负郭：靠近外城，这里指近郊。稔：收成好。②缣：双丝的细绢，
此指一匹织物。③沛然：充沛。④屏：退隐。俟：等待。⑤较：
概略，大旨。

chū   gōng zhī wèi guì xiǎn yě   cháng①   yǒu zhì yú shì yǐ   ér

初，公之未贵显也，尝①有志于是矣，而
当初，文正公还没有显贵的时候，就曾经有志于此，然而二十年都

lì wèi dài zhě èr shí nián   jì ér wéi xī shuài②   jí cān dà zhèng③

力未逮者二十年。既而为西帅②，及参大政③，
没有能力办到这件事。后来他出任陕西经略安抚招讨副使，参与商议国政，

yú shì shǐ yǒu lù cì zhī rù   ér zhōng qí zhì   gōng jí mò   hòu

于是始有禄赐之入，而终其志。公即殁，后
于是才有了俸禄和赏赐等收入，这才实现了他的愿望。后来文正公去世，他

shì zǐ sūn xiū qí yè   chéng qí zhì   rú gōng zhī cún yě   gōng suī

世子孙修其业，承其志，如公之存也。公虽
的后世子孙经营着他的事业，继承了他的遗志，就像他在世的时候一样。文

wèi chōng lù hòu   ér pín zhōng qí shēn   mò zhī rì   shēn wú yǐ wéi

位充禄厚，而贫终其身。殁之日，身无以为
正公虽居高位，俸禄丰厚，但始终过着清贫简朴的生活，直至去世。死的时

liàn   zǐ wú yǐ wéi sāng   wéi yǐ shī pín huó zú zhī yì   yí qí zǐ

敛，子无以为丧。惟以施贫活族之义，遗其子
候，还没有棺木装殓，他的子孙也没有钱办丧事。他只是将周济贫困、养活

ér yǐ
而已。
亲族的道义，传给了子孙。

①尝：已经。 ②西帅：指陕西经略安抚招讨副使。 ③参：参与。
大政：指国政，国家大事。

xī yàn píng zhòng bì chē léi mǎ　　　huán zǐ　yuē　　shì
昔晏平仲敝车羸马①，桓子②曰："是
从前的晏子，坐着简陋的车子，骑着瘦弱的马匹，桓子对他说："你

yǐn jūn zhī cì yě　　yàn zǐ yuē　　zì chén zhī guì　fù zhī
隐君之赐也。"晏子曰："自臣之贵，父之
这样做，是要隐藏君上对你的赏赐吗？"晏子回答说："自从我显贵以来，

zú　wú bù chéng chē zhě　mǔ zhī zú　wú bù zú yú yī shí zhě
族，无不乘车者；母之族，无不足于衣食者；
父亲一族的人，没有不坐着车子的；母亲一族的人，没有不丰衣足食的；妻

qī zhī zú　wú dòng něi③ zhě　qí guó zhī shì　dài chén ér jǔ huǒ
妻之族，无冻馁③者；齐国之士，待臣而举火
子一族的人，没有受冻挨饿的；齐国的士人，靠着我才能生火做饭的，有

zhě sān bǎi yú rén　rú cǐ　ér wéi yǐn jūn zhī cì hū　zhāng jūn zhī
者三百余人。如此，而为隐君之赐乎？彰君之
三百多人。像我这样，能说是隐藏了君王对我的赏赐吗？或者是彰显君王对

cì hū　　yú shì qí hóu yǐ yàn zǐ zhī shāng④　ér shāng huán zǐ
赐乎？"于是齐侯以晏子之觞④，而觞桓子。
我的赏赐？齐侯听到这话，便用晏子的酒杯，罚桓子喝酒。我过去敬佩晏子

yú cháng ài yàn zǐ hào rén　qí hóu zhī xián　ér huán zǐ fú yì⑤
予尝爱晏子好仁，齐侯知贤，而桓子服义⑤
的好仁，齐侯的知贤，桓子的服从正义。我还敬佩晏子的仁爱有等级，讲话

yě　　yòu ài yàn zǐ zhī rén yǒu děng jí　ér yán yǒu cì dì yě　xiān
也。又爱晏子之仁有等级，而言有次第也。先
有次序。先说父亲的一族，其次说母亲一族，再说到妻子一族，最后才说到

父族，次母族，次妻族，而后及其疏远之贤。那些关系疏远却贤能的人。孟子说："爱自己的亲人才能对人民仁爱，对人

孟子曰："亲亲而仁民，仁民而爱物。"晏子民仁爱才能爱惜万物。"晏子的言行接近孟子要求的这一点。现在看文正公

为近之。今观文正之义田，贤于平仲。其规的义田，感觉他比晏子还要贤良。他施行恩惠的范围广大，影响深远，恐怕

模远举，又疑过之。是要胜过晏子的。

①晏平仲：即晏婴，春秋时齐国大夫。敝：坏，破旧。 ②桓子：姓田，名无宇，春秋时齐国贵族。 ③馁：饥饿。 ④齐侯：指春秋时的齐景公。觞：古代盛酒器具，向人敬酒或自饮也叫"觞"。 ⑤服义：在正确的道理或正义面前，表示心服。

呜呼！世之都三公①位，享万钟②禄，其唉！世上有些位列三公、享受万钟俸禄的人，他们宅第的雄伟，车

邸第之雄，车舆之饰，声色之多，妻孥之富，辆的豪华，歌伎舞女的众多，妻妾儿女的阔绰，都只是供自己一家人享受而

止乎一己而已。而族之人不得其门者，岂少也已。而亲族中不能踏进他们家门的人，难道还少吗？更何况是接济那些关系

zāi kuàng yú shī xián hū　　qí xià wéi qīng　wéi dà fū　wéi shì

哉？况于施贤乎？其下为卿，为大夫，为士，

疏远的贤人呢？在三公以下的那些做卿、做大夫、做士的人，粮食充足，俸

lǐn shāo ③ zhī chōng　fèng yǎng zhī hòu　zhǐ hū yì jǐ ér yǐ　ér zú

廪稍③之充，奉养之厚，止乎一己而已。而族

禄丰厚，也只是个人享用而已。而亲族中手拿瓢讨饭，最后饿死在沟渠中的人，

zhī rén　　cāo hú piáo wéi gōu zhōng jí④　zhě　　yòu qǐ shǎo zāi　kuàng

之人，操壶瓢为沟中瘠④者，又岂少哉？况

又难道会少吗？何况是对于其他的人呢？他们都是愧对文正公的罪人啊！

yú tā rén hū　　shì jiē gōng zhī zuì rén yě

于它人乎？是皆公之罪人也。

① 三公：此处泛指大官。　② 万钟：极言俸禄优厚。钟：量器。
③ 廪稍：官府发给的粮米。　④ 瘠：指饿死在沟渠里面。

gōng zhī zhōng yì mǎn cháo tíng　　shì yè mǎn biān yú　　gōng míng mǎn

公之忠义满朝廷，事业满边隅，功名满

文正公的忠义著称于朝野，他的事业遍布于边疆，功劳声名传遍天下，

tiān xià　hòu shì bì yǒu shǐ guān shū zhī zhě　　yú kě wú lù yě　　dú

天下，后世必有史官书之者，予可无录也。独

后代必定有史官会记载下来的，我可以不用去记录。但我唯独敬佩他的仁义，

gāo qí yì　　yīn yǐ yí qí shì yún

高其义，因以遗其世云。

因此记录下来留传后世。

深入浅出读古文

范仲淹乐善好施，他曾设置"义田"，养济族人，使他们能够丰衣足食。钱公辅是仁宗朝的进士，他对范仲淹设置"义田"的做法很欣赏。这篇文章正是为称赞范仲淹的这一善举而写的。本文叙述了范仲淹设置"义田"之事，引用春秋时晏子的事迹与范仲淹作对比，赞扬了范仲淹的仁义之举。

这篇文章先是叙述"义田"的内容，然后写范仲淹创办义田，死后子孙继承其遗志，最后又通过描写晏子和如今士大夫的做法，衬托范仲淹的仁和贤。文章叙事由此及彼，由近到远。作者在称颂范仲淹的同时，也寓含着对当今士大夫的讽刺。

知识加油站

断齑画粥

范仲淹幼年丧父，励志苦读。因家境贫寒，便用两升小米煮粥，隔夜粥凝固后，用刀切为四块，早晚各食两块，再切一些腌菜佐食。成年后，范仲淹又到应天书院刻苦攻读，冬天读书疲倦发困时，就用冷水洗脸，没有东西吃时，就喝稀粥度日。经过苦读，范仲淹终于得以进士及第，成为一代名臣。

方山子传
fāng shān zǐ zhuàn

宋 苏轼

作者档案

苏轼(1037年~1101年),字子瞻,号东坡居士,眉州眉山(今四川省眉山市)人,北宋著名文学家、书法家、画家。其还是北宋中期文坛领袖,在诗、词、散文、书、画等方面有很高的成就。作品有《东坡七集》《东坡易传》《东坡乐府》等。

方山子,光、黄^①间隐人也。少时慕朱
方山子,是光州、黄州一带的隐士。他年轻的时候仰慕朱家、郭解

家、郭解^②为人,闾里^③之侠皆宗之。稍壮,
的为人,乡里的游侠都尊崇他。他稍微长大些以后,改变了志趣而去读书,

zhé jié dú shū　　yù yǐ cǐ chí chěng dāng shì　　rán zhōng bú yù　wǎn
折节读书，欲以此驰骋当世，然终不遇。晚
想要以此在当世施展抱负，但是始终得不到重用。到了晚年他就在光州、黄

nǎi dùn yú guāng huáng jiān　　yuē qí tíng ④　ān jū shū shí　bù yǔ
乃遁于光、黄间，曰岐亭④。庵居蔬食，不与
州一带一个叫岐亭的地方避世隐居，住在草庐里，吃些蔬菜素食，不与世人

shì xiāng wén　　qì chē mǎ　　huǐ guān fú　　tú bù wǎng lái shān zhōng
世相闻。弃车马，毁冠服，徒步往来山中，
往来。他抛弃了车马，毁掉了书生的衣帽，徒步往来于山间。山里的人没有

rén mò shí yě　　jiàn qí suǒ zhuó mào　　fāng sǒng ér gāo　yuē　　cǐ
人莫识也。见其所著帽，方耸而高，曰："此
与他相识的，只是看到他戴的帽子又方又高，说："这不就是古代方山冠的

qǐ gǔ fāng shān guān ⑤ zhī yí xiàng hū　　yīn wèi zhī　fāng shān zǐ
岂古方山冠⑤之遗像乎？"因谓之"方山子"。
模样吗？"于是就叫他"方山子"。

①光：光州，治所在今河南潢川县。黄：黄州，治所在今湖北黄冈。
②朱家、郭解：二人均为西汉时的游侠。③闾里：乡里。④岐亭：
今湖北麻城西南。⑤方山冠：汉代乐师及官吏戴的帽子，用五彩
丝织成。唐宋时为隐士所戴。

yú zhé jū ① yú huáng　　guò qí tíng　shì jiàn yān　　yuē
余谪居①于黄，过岐亭，适见焉。曰：
我谪居在黄州，有一次路过岐亭，正好碰到了他。我说："哎呀，

wū hū　　cǐ wú gù rén chén zào jì cháng yě　　hé wèi ér zài cǐ
"呜呼！此吾故人陈慥季常也，何为而在此？"
这不是我的老朋友陈慥陈季常吗，怎么会在此地居住呢？"方山子也非常惊

fāng shān zǐ yì jué rán   wèn yú suǒ yǐ zhì cǐ zhě   yú gào zhī gù
方山子亦矍然②问余所以至此者。余告之故。
诧地问我为何到了这里，我告诉了他原因。他开始是低着头不说话，而后又

fǔ ér bù dá   yǎng ér xiào   hū yú sù qí jiā   huán dǔ xiāo rán
俯而不答，仰而笑，呼余宿其家。环堵萧然，
仰面而笑，招呼我到他家里去住宿。我到了他家，看见他家徒四壁，而妻子

ér qī zǐ nú bì jiē yǒu zì dé zhī yì
而妻子奴婢皆有自得之意。
儿女、奴仆婢妾都显露出悠然自得的神情。

yú jì sǒng rán yì zhī   dú niàn fāng shān zǐ shào shí   shǐ jiǔ
余既耸然异之。独念方山子少时，使酒
我感到十分诧异。自己想着方山子少年的时候，喝酒舞剑，挥金如

hào jiàn   yòng cái rú fèn tǔ   qián shí jiǔ nián   yú zài qí shān
好剑，用财如粪土。前十九年，余在岐山③，
土的情景。十九年前，我在岐山，看到方山子带着两个骑着马的随从，挟着

jiàn fāng shān zǐ cóng liǎng qí   xié èr shǐ   yóu xī shān   què qǐ yú
见方山子从两骑④，挟二矢⑤游西山。鹊起于
两张弓，在西山游猎。忽然看到有鸟鹊从前面飞起，他叫随从追上去射下，

qián   shǐ qí zhú ér shè zhī   bú huò   fāng shān zǐ nù mǎ   dú
前，使骑逐而射之，不获。方山子怒马⑥独
但没有射中。方山子独自跃马而出，一箭便将其射落。又同我在马上谈论用

chū   yì fā dé zhī   yīn yǔ yú mǎ shàng lùn yòng bīng jí gǔ jīn chéng
出，一发得之。因与余马上论用兵及古今成
兵之道以及古今成败之事，自认为是一代豪杰。这才多少时日，英武勇猛的

bài   zì wèi yì shí háo shì   jīn jǐ rì ěr   jīng hàn zhī sè   yóu
败，自谓一时豪士。今几日耳，精悍之色，犹
神气，还能在他的眉间看到，他怎么能是个山中的隐士呢？

xiàn yú méi jiān   ér qǐ shān zhōng zhī rén zāi
见于眉间，而岂山中之人哉？

116

① 谪居：被贬后住在某地。② 矍然：惊视的样子。③ 岐山：亦称
天柱山，在今陕西岐山县。④ 骑：一人一马为一骑。⑤ 矢：箭。
这里泛指弓箭。⑥ 怒马：奋马。

rán fāng shān zǐ shì yǒu xūn fá　　dāng dé guān　　shǐ cóng shì
然方山子世有勋阀①，当得官②，使从事
方山子的家族世代都有功勋，他应当谋求一个官职。假如他一直为

yú qí jiān　　jīn yǐ xiǎn wén　　ér qí jiā zài luò yáng　　yuán zhái zhuàng
于其间，今已显闻。而其家在洛阳，园宅 壮
朝廷办差、左右逢源的话，现在也应该已经显达了。他的家在洛阳，园林房

lì　　yǔ gōng hóu děng　　hé③ běi yǒu tián　　suì dé bó qiān pǐ　　yì
丽，与公侯等。河③北有田，岁得帛千匹，亦
屋雄伟壮丽，与公侯们的不相上下。他在黄河北岸有田产，每年能得到帛千

zú yǐ fù lè　　jiē qì bù qǔ　　dú lái qióng shān zhōng④　　cǐ qǐ wú
足以富乐。皆弃不取，独来穷山中④，此岂无
匹之多，也足以享受富贵安乐了。可这些他都不要，唯独来到山中。如果没

dé ér rán zāi
得而然哉？
有自得之乐的话，他会这样做吗？

① 勋阀：功勋。② 当得官：应当荫庇得官。③ 河：黄河。④ 穷山中：
荒僻的山中。

yú wén guāng　　huáng jiān duō yì rén　　wǎng wǎng yáng kuáng gòu
余闻光、黄间多异人①，往往佯 狂垢
我听说光州、黄州一带有很多奇异人士，他们往往是蓬头垢面，佯

污^②，不可得而见，方山子傥^③见之欤？

wū　　　　bù kě dé ér jiàn　　fāng shān zǐ tǎng　jiàn zhī yú

装疯狂，我一直没有见到，方山子或许能见到他们吧？

①异人：特立独行的人。②佯狂：装疯癫。垢污：言行不循规蹈矩，被世人认为是德行上有污垢。③傥：或许，大概。

—— 深入浅出读古文 ——

传记的主人方山子少年时嗜酒好剑，挥金如土，以豪士自居。后发奋读书，有志用世，但无所遇合，晚年隐居光州、黄州之间。《方山子传》折射出历经坎坷后的苏轼的心态，写方山子实际上是自悲身世。

此文构思奇妙，重点写隐居时的生活和思想态度，说明方山子是不慕显贵的异人。文章用字准确而含蓄，字里行间饱含感情，如"俯""仰""笑""呼""环"等词的运用，将方山子狂放的个性展现得淋漓尽致。此外，东坡于文字之外，写方山子未尝不是自悲不遇。

知识加油站

成语词汇

折节读书：意思指改变旧习，发愤读书。（选自文句："稍壮，折节读书，欲以此驰骋当世，然终不遇。"）

环堵萧然：形容室中空无所有，极为贫困。（选自文句："环堵萧然，而妻子奴婢皆有自得之意。"）

<ruby>瘗<rt>yì</rt></ruby> <ruby>旅<rt>lǚ</rt></ruby> <ruby>文<rt>wén</rt></ruby>

明 王守仁

作者档案

王守仁（1472年～1529年），字伯安，号阳明。明孝宗弘治十二年（1499年）进士，历任南京鸿胪寺卿、南京兵部尚书。王守仁确立了心学理论体系，提倡"悟格物致知，当自求诸心，不当求诸事物"。有《王文成公全书》三十八卷。

<ruby>维<rt>wéi</rt></ruby> <ruby>正<rt>zhèng</rt></ruby> <ruby>德<rt>dé</rt></ruby> <ruby>四<rt>sì</rt></ruby> <ruby>年<rt>nián</rt></ruby>①<ruby>秋<rt>qiū</rt></ruby> <ruby>月<rt>yuè</rt></ruby> <ruby>三<rt>sān</rt></ruby> <ruby>日<rt>rì</rt></ruby>，<ruby>有<rt>yǒu</rt></ruby> <ruby>吏<rt>lì</rt></ruby> <ruby>目<rt>mù</rt></ruby>②<ruby>云<rt>yún</rt></ruby> <ruby>自<rt>zì</rt></ruby>

正德四年秋季某月的初三，有一个自称是从京城里来的吏目，不知

<ruby>京<rt>jīng</rt></ruby> <ruby>来<rt>lái</rt></ruby> <ruby>者<rt>zhě</rt></ruby>，<ruby>不<rt>bù</rt></ruby> <ruby>知<rt>zhī</rt></ruby> <ruby>其<rt>qí</rt></ruby> <ruby>名<rt>míng</rt></ruby> <ruby>氏<rt>shì</rt></ruby>，<ruby>携<rt>xié</rt></ruby> <ruby>一<rt>yì</rt></ruby> <ruby>子<rt>zǐ</rt></ruby> <ruby>一<rt>yì</rt></ruby> <ruby>仆<rt>pú</rt></ruby> <ruby>将<rt>jiāng</rt></ruby> <ruby>之<rt>zhī</rt></ruby> <ruby>任<rt>rèn</rt></ruby>，

道他的姓名，带着一个儿子一个仆人前去赴任。经过龙场的时候，投宿在当

过龙场③，投宿土苗家。予从篱落间望见之，
地的苗人家里。我从篱笆的缝隙中看到了他，这时阴雨绵绵，天色昏暗，我

阴雨昏黑，欲就问讯北来事，不果。明早，遣
想去打听北方近来的情况，没有去成。第二天早晨，派人去看他，他们已经

人觇④之，已行矣。薄午，有人自蜈蚣坡来，
走了。将近中午的时候，有人从蜈蚣坡来，说："有个老人死在坡下，旁边

云："一老人死坡下，傍两人哭之哀。"予
有两个人哭得很是悲痛。我说："这一定是那个吏目死了。令人悲伤呀！"

曰："此必吏目死矣，伤哉！"薄暮，复有人
傍晚的时候，又有人来说："坡下有两个死人，有一个人坐在旁边哭泣。"

来云："坡下死者二人，傍一人坐哭。"询其
我询问当时的状况，则推知他的儿子也死了。第二天，又有人来说："看见

状，则其子又死矣。明日，复有人来云："见
蜈蚣坡下堆积着三具尸体。"那是他的仆人也死了，哎，真是令人悲伤啊！

坡下积尸三焉。"则其仆又死矣。呜呼伤哉！

①正德：明武宗年号。正德四年：1509 年。 ②吏目：掌管官府
文书等的官吏。③龙场：地名，在今贵州省修文县境内。 ④觇：
暗中察看。

niàn qí pù gǔ wú zhǔ　　jiāng èr tóng zǐ chí běn chā wǎng yì zhī ①

念其暴骨无主，将二童子持畚锸往瘗之①。

我想到他们暴尸荒野，无人收殓，就带了两个童子拿着畚箕和铁锹

èr tóng zǐ yǒu nán sè rán　　yú yuē　　yī　　wú yǔ ěr yóu bǐ yě

二童子有难色然。予曰："噫！吾与尔犹彼也。"

前去埋葬他们。两个童子面露难色。我说："唉！我和你们的境遇就跟他们

èr tóng mǐn rán ②　　tì xià　　qǐngwǎng　　jiù qí bàngshān lù wéi sān kǎn ③

二童闵然②涕下，请往。就其傍山麓为三坎③，

一样啊！"两个童子悲伤地落下眼泪，表示愿意同去。我们在尸体旁的山脚

mái zhī　　yòu yǐ zhī jī　　fàn sān yú　　jiē xū tì yí ④　　ér gào zhī

埋之。又以只鸡、饭三盂，嗟吁涕洟④而告之

下挖了三个坑，埋葬了他们。又用一只鸡、三碗饭祭奠，叹息流泪，祭告他

yuē

曰：

们说：

①畚、锸：畚箕和铁锹。瘗：埋葬。②闵然：忧伤的样子。③就：

靠近。山麓：山脚。为：挖。坎：坑穴。④嗟吁：叹息的意思。涕

洟：流眼泪。

wū hū shāng zāi　　yī　　hé rén　　yī　　hé rén　　wú lóng

"呜呼伤哉！繄①何人？繄何人？吾龙

"唉，令人悲伤呀！你是什么人？你是什么人？我是龙场驿丞，余

chǎng yì chéng yú yáo wáng shǒu rén yě　　wú yǔ ěr jiē zhōng tǔ zhī chǎn

场驿丞余姚王守仁也。吾与尔皆中土之产②。

姚人王守仁啊。我和你都生长在中原，我不知道你是哪里人，你为什么要来

wú bù zhī ěr jùn yì　　ěr wū hū lái wéi zī shān zhī guǐ hū　　gǔ zhě

吾不知尔郡邑，尔乌乎来为兹山之鬼乎？古者

此山做一个野鬼呢？古人不轻易离开家乡，出外做官不超过千里，我因为贬

zhòng qù qí xiāng　yóu huàn bù yú qiān lǐ　wú yǐ cuàn zhú ③ ér lái
重去其乡，游宦不逾千里，吾以窜逐 ③ 而来
官而被放逐到这里，是理所当然的。你又有什么罪过呢？听说你的官位不过

cǐ　yí yě　ěr yì hé gū ④ hū　wén ěr guān lì mù ěr　fèng
此，宜也。尔亦何辜 ④ 乎？闻尔官吏目耳，俸
是个吏目罢了，俸禄不足五斗，这点收入你带领妻子儿女亲自耕种也是能够

bù néng wǔ dǒu　ěr shuài qī zǐ gōng gēng kě yǒu yě　hú wèi hū yǐ
不能五斗，尔率妻子躬耕可有也，胡为乎以
得到的呀！为什么要因为这五斗米的俸禄而换去了你堂堂七尺的身躯呢？这

wǔ dǒu ér yì ěr qī chǐ zhī qū　yòu bù zú　ér yì yǐ ěr zǐ yǔ
五斗而易尔七尺之躯？又不足，而益以尔子与
还不够，又搭上了你的儿子和仆人的性命！唉，令人悲伤呀！你要真是因为

pú hū　wū hū shāng zāi　ěr chéng liàn zī wǔ dǒu ér lái　zé yí
仆乎？呜呼伤哉！尔诚恋兹五斗而来，则宜
贪恋这五斗米而来，就应当高高兴兴地上路，为什么我昨天看见你愁容满面，

xīn rán jiù dào　hú wèi hū wú zuó wàng jiàn ěr róng　cù rán gài bú
欣然就道，胡为乎吾昨望见尔容，蹙然盖不
好像很忧伤的样子呢？你们冒着风霜寒露，在陡峭的山路上攀援，翻过无数

shèng qí yōu zhě　fú chōng mào shuāng lù　pān yuán yá bì　xíng wàn fēng
胜其忧者？夫冲冒霜露，扳援崖壁，行万峰
的山峰，又饥又渴，劳累困顿，身体疲惫，又有瘴气在外侵扰，内心还有忧

zhī dǐng　jī kě láo dùn　jīn gǔ pí bèi　ér yòu zhàng lì ⑤ qīn
之顶，饥渴劳顿，筋骨疲惫，而又瘴疠 ⑤ 侵
愁苦闷，这怎能不死去呢？我本来知道你一定会死，但没有料到你会死得这

qí wài　yōu yù gōng qí zhōng　qí néng yǐ wú sǐ hū　wú gù zhī
其外，忧郁攻其中，其能以无死乎？吾固知
样快，更没料到你的儿子、仆人也很快地相继死去！这都是你自己招来的祸

ěr zhī bì sǐ　rán bú wèi ruò shì qí sù　yòu bú wèi ěr zǐ、ěr
尔之必死，然不谓若是其速，又不谓尔子、尔
殃啊，还能说什么呢！我想到你们的尸骨无人收敛，所以前来埋葬，这使我

仆亦遽然奄忽也。皆尔自取，谓之何哉！吾念
感到无限的凄凉啊！唉，令人悲伤啊！纵然我不埋葬你们的尸骨，这荒僻山

尔三骨之无依而来瘗耳，乃使吾有无穷之 怆
崖上的狐狸成群，深邃的山谷中毒蛇粗如车轮，也一定会把你们吞入腹中，

也。呜呼伤哉！纵不尔瘗，幽崖之狐成群，
不会让你们长时间地暴尸山野啊。你们已经没有感知了，可是我又于心何忍？

阴壑之虺⑥如车轮，亦必能葬尔于腹，不致久
自从我离开了父母家乡，来到这里已经三年了，经受了瘴疬毒气的侵扰却能

暴尔。尔既已无知，然吾何能为心乎？自吾去
苟且保全，是因为我不曾有一天的忧伤啊。今天如此悲伤，这是我为你想得

父母乡国而来此，三年矣，历瘴毒而苟能自
太多，而为自己着想得太少了。我不应当再替你悲伤了。我为你唱一首挽歌，

全，以吾未尝一日之戚戚也。今悲伤若此，
你听吧！”

是吾为尔者重，而自为者轻也，吾不宜复为尔

悲矣。吾为尔歌，尔听之！”

①繄：句首语气词。②中土之产：出生于中原的人。③窜逐：谪贬。
④何辜：有什么罪过。⑤瘴疬：南方山林间可致人疾病的湿热之

气。 ⑥虺：毒蛇。

歌曰：（gē yuē）"连峰际天兮飞鸟不通，游子怀乡（lián fēng jì tiān xī fēi niǎo bù tōng yóu zǐ huái xiāng）
歌词是："连绵的山峰与天相接啊，连飞鸟也不能通过。羁泊他乡

兮莫知西东。（xī mò zhī xī dōng）莫知西东兮维（mò zhī xī dōng xī wéi）①天则同，异域殊（tiān zé tóng yì yù shū）
的游子怀念故土啊，辨不清西和东。辨不清西和东呀，只有天空在哪里都是

方兮环海之中（fāng xī huán hǎi zhī zhōng）②。达观随寓兮莫必予宫，魂兮（dá guān suí yù xī mò bì yú gōng hún xī）
一样的。他乡异地啊，也是环抱在四海之中。达观的人四海为家啊，不一定

魂兮，（hún xī）无悲以恫（wú bēi yǐ tōng）③。"
非要有固定的住处。魂啊，魂啊，不要伤心悲痛！"

①维：通"唯"。②异域殊方：泛指外地他乡。环海之中：这里指中国。③恫：哀痛；痛苦。

又歌以慰之曰：（yòu gē yǐ wèi zhī yuē）"与尔皆乡土之离兮，蛮（yǔ ěr jiē xiāng tǔ zhī lí xī mán）
又作了一首歌来安慰他，说："我和你都是远离故乡的人啊，蛮人

之人言语不相知兮。（zhī rén yán yǔ bù xiāng zhī xī）性命不可期，吾苟死于兹（xìng mìng bù kě qī wú gǒu sǐ yú zī）
的言语一点儿也听不懂。寿命的长短真的不可预料啊，我如果死在这里，你

兮，（xī）率尔子仆，（shuài ěr zǐ pú）来从予兮。（lái cóng yú xī）吾与尔遨以嬉兮，（wú yǔ ěr áo yǐ xī xī）
就带着儿子、仆人和我在一起。我和你遨游嬉戏啊，驾驭着紫色的小马，坐

骖紫彪而乘文螭兮 ①，登望故乡而嘘唏兮。

在斑斓的蛟龙上面。登高眺望遥远的故乡啊，发出长长的叹息！我若能活着

吾苟获生归兮，尔子、尔仆尚尔随兮，无以

回去啊，你还有儿子和仆人跟随，不会因为孤独无伴而伤悲。路旁那累累的

无侣为悲兮。道傍之冢累累 ② 兮，多中土之

坟头啊，多是流离至此的中原人士安睡其中。大家相互招呼叫喊呀，一起在

流离兮，相与呼啸而徘徊兮。餐风饮露，无尔

这里徘徊不去。餐清风而饮甘露啊，你就不会饥饿。早晨与麋鹿结成伙伴，

饥兮。朝友麋鹿，暮猿与栖兮。尔安尔居兮，

晚上与猿猴一同栖息。你可以安心地居住在这里呀，但不要化为厉鬼危害这

无为厉 ③ 于兹墟兮。"

里的村落！"

①骖：此处作"驾驭"讲。文螭：有花纹的蛟龙。 ②累累：一座连着一座的样子。 ③厉：厉鬼。

━━━━━━━━━ **深入浅出读古文** ━━━━━━━━━

明武宗正德元年（1506年），王守仁因得罪了大太监刘瑾，被贬到贵州做了龙场驿丞。在去龙场的路上，王守仁亲眼看见掌管文书的吏目和他的儿子、仆人先后客死在蜈蚣坡下，使他产生了"同是天涯沦落人"的感慨。他的遭遇跟吏目三人相似，正所谓"同是天涯沦落人，相逢何必曾相识"，王守仁亲自率人把三位死者埋葬在路旁，并写了这篇祭文。

此文一是悼念逝者，二是为自己悲伤。结尾的祭歌部分，作者以楚辞的句式作歌，既表达了对死者的哀悼，又有对自己不幸身世的忧愤，可谓悲切到极点。作者既宣泄了感情，又暗含深意，可谓余韵悠长。

知识加油站

名句积累

志不立，天下无可成之事。（出自王守仁《教条示龙场诸生》）意思是：志向不确定，则什么事情也干不成功。

种树者必培其根，种德者必养其心。（出自王守仁《传习录》）意思是：种树木必须将树木的根系培养好，修养品德的人必须先培养好自己的心性。

xú wén cháng zhuàn

徐文长传

明 袁宏道

作者档案

袁宏道(1568年~1610年),字中郎、一字无学,号石公、又号六休。湖北省公安县人。袁宏道与其兄袁宗道、弟袁中道并有才名,史称公安三袁。由于三袁是荆州公安县人,其文学流派世称"公安派"或"公安体"。世人认为袁宏道是三兄弟中成就最高者。

xú wèi ① zì wén cháng wéi shān yīn zhū shēng ② shēng míng

徐渭①,字文长,为山阴诸生②,声名

徐渭,字文长,是山阴县的生员,声名很大,薛公蕙在浙江做试官

jí shèn ③ xuē gōng huì jiào yuè shí ④ qí qí cái yǒu guó shì zhī

籍甚③。薛公蕙校越时④,奇其才,有国士之

的时候,就非常赏识他的才华,视他为国士。然而他命运不济,屡次应试屡

mù rán shù jī ⑤ lǚ shì zhé jué ⑥ zhōng chéng hú gōng zōng xiàn ⑦
目。然数奇⑤，屡试辄蹶⑥。中丞胡公宗宪⑦

次落第。中丞胡宗宪听说后，把他聘作幕僚。文长每次参见胡公，总是身着

wén zhī kè zhū mù wén cháng měi jiàn zé gě yī wū jīn zòng
闻之，客诸幕。文长每见，则葛衣乌巾，纵

葛布衣，头戴黑头巾，畅谈天下大事，胡公听后十分赞赏。当时胡公统率着

tán tiān xià shì hú gōng dà xǐ shì shí gōng dū shù biān bīng wēi zhèn
谈天下事，胡公大喜。是时公督数边兵，威镇

军队，威镇东南。顶盔披甲的武将在他面前，都跪着说话，在地上匍匐而不

dōng nán jiè zhòu zhī shì xǐ yǔ shé xíng bù gǎn jǔ tóu ér wén
东南。介胄之士，膝语蛇行，不敢举头，而文

敢仰视。而文长以胡公部下一个幕僚的身份，对胡公的态度却是如此傲慢。

cháng yǐ bù xià yì zhū shēng ào zhī yì zhě fāng zhī liú zhēn cháng dù
长以部下一诸生傲之，议者方之刘真长、杜

好议论的人都把他比作刘真长、杜甫一类的人物。恰逢胡公猎得一头白鹿，

shào líng yún ⑧ huì dé bái lù zhǔ wén cháng zuò biǎo biǎo shàng
少陵云⑧。会得白鹿，属文长作表，表上，

想要献给皇帝，便嘱托文长起草奏表。奏表呈上后，皇帝看过非常高兴。胡

yǒng líng ⑨ xǐ gōng yǐ shì yì qí zhī yí qiè shū jì jiē chū qí
永陵⑨喜。公以是益奇之，一切疏计，皆出其

公于是更加器重文长，所有的奏章文字，都交给他来起草。文长自认为有雄

shǒu wén cháng zì fù cái lüè hào qí jì tán bīng duō zhòng shì yī
手。文长自负才略，好奇计，谈兵多中。视一

才伟略，好设奇谋险计，谈论兵事往往能切中要害。在他看来，世间的事物

shì shì wú kě dàng yì zhě rán jìng bù ǒu ⑩
世事无可当意者。然竟不偶⑩。

没有一样能让他满意的，然而他竟始终没有机会来施展抱负。

①徐渭：明代文学家、书画家。初字文清，改字文长，号天池山人、

青藤道士。②诸生：明清时已取入府、州、县学的学生。③籍甚：
盛大。④薛公蕙：即薛蕙，字君采，明正德进士，官至考功员外郎。
校越：掌管越地的考试。⑤数奇：命运不好。⑥蹶：原意跌倒，
这里指考试不中。⑦中丞胡公宗宪：即浙江巡抚胡宗宪。⑧方：比。
刘真长：东晋人，为人不拘小节，喜欢游山玩水，曾在晋简文帝
的幕中任上宾。杜少陵：唐代诗人杜甫，他自号少陵野老。⑨永陵：
明世宗的陵名。这里代指明世宗。⑩不偶：不得志。

文长既已不得志于有司，遂乃放浪曲蘖①，

文长既然在科举考试上不得志，于是就放肆地饮酒，纵情于山水之间。

恣情山水。走齐、鲁、燕、赵之地，穷览朔

他游历了齐、鲁、燕、赵等地，又饱览了塞北大漠的风光。他所看到的奔腾

漠。其所见山奔海立，沙起雷行，雨鸣树偃，

的山势，耸立而起的海浪、黄沙飞扬、雷霆千里的景象，暴雨轰鸣、树木倒

幽谷大都，人物鱼鸟，一切可惊可愕之状，

塌的状貌，乃至山谷的寂寥和都市的繁闹，还有那些形态各异的人、物、鱼、

一一皆达之于诗。其胸中又有勃然不可磨灭

鸟，这一切令人惊愕的景象，他都一一写入了诗中。他胸中一直都结着蓬勃

之气，英雄失路、托足无门之悲，故其为诗，

奋发、不可磨灭的壮志和英雄无用武之地的悲凉。所以他的诗，像是发怒、

132

如嗔如笑，如水鸣峡，如种出土，如寡妇之
rú chēn rú xiào， rú shuǐ míng xiá， rú zhǒng chū tǔ， rú guǎ fù zhī

像是嗔笑，像是水奔流轰鸣在峡谷，像是春芽破土而出，像是寡妇深夜啼哭，

夜哭，羁人②之寒起。虽其体格时有卑者，然
yè kū， jī rén② zhī hán qǐ。 suī qí tǐ gé shí yǒu bēi zhě， rán

像是旅客寒夜梦醒。虽然他作诗的格律体裁时有不高明之处，然而却匠心独

匠心独出，有王者气，非彼巾帼而事人者所
jiàng xīn dú chū， yǒu wáng zhě qì， fēi bǐ jīn guó ér shì rén zhě suǒ

出，有王者之气，不是那些像以色事人的女子一般的诗作所能企及的。他的

敢望也。文有卓识，气沉而法严，不以模拟
gǎn wàng yě。 wén yǒu zhuó shí， qì chén ér fǎ yán， bù yǐ mó nǐ

文章有着卓越的见解，气势沉着而法度严谨，不因为模仿他人而减损自己的

损才，不以议论伤格，韩、曾③之流亚也。
sǔn cái， bù yǐ yì lùn shāng gé， hán、 zēng③ zhī liú yà yě。

才气，不因为发表议论而伤害文章的格律，他真是韩愈、曾巩一流的人物啊！

文长既雅不与时调合，当时所谓骚坛主盟
wén cháng jì yǎ bù yǔ shí diào hé， dāng shí suǒ wèi sāo tán zhǔ méng

文长雅量高致，不迎合流行的文风，对当时的所谓的文坛领袖，都呵斥怒骂，

者，文长皆叱④而怒之，故其名不出于越。
zhě， wén cháng jiē chì④ ér nù zhī， gù qí míng bù chū yú yuè。

所以他的文字没人推崇，名气也没有传出越地，这真是令人悲哀呀！文长喜

悲夫！喜作书，笔意奔放如其诗，苍劲中姿媚
bēi fú！ xǐ zuò shū， bǐ yì bēn fàng rú qí shī， cāng jìng zhōng zī mèi

好书法，他用笔奔放有如他的诗，苍劲中另有一种妩媚的姿态跃然纸上，就

跃出，欧阳公所谓"妖韶女，老自有余态"者
yuè chū， ōu yáng gōng suǒ wèi "yāo sháo nǚ， lǎo zì yǒu yú tài" zhě

像欧阳公所说的"妖娆的女子，即使老了仍然保存着未尽的风韵"一样。除

也。间以其余，旁溢为花鸟，皆超逸有致。
yě。 jiàn yǐ qí yú， páng yì wéi huā niǎo， jiē chāo yì yǒu zhì。

了诗文书法以外，文长还对绘画花鸟有所涉猎，也都是超逸脱俗，别有情致。

① 曲蘖：酒曲，指酒。 ② 羁人：客居异乡的人。 ③ 韩、曾：指韩愈、曾巩。 ④ 叱：责骂。

zú yǐ yí shā qí jì shì xià yù lùn sǐ zhāng tài shǐ yuán
卒以疑杀其继室，下狱论死。张太史元
后来，文长因疑忌而杀死了他的续弦，被捕下狱后按律当死。太

biàn lì jiě nǎi dé chū wǎn nián fèn yì shēn yáng kuáng① yì shèn
汴力解，乃得出。晚年愤益深，佯狂①益甚。
史张元汴极力营救，文长方得出狱。他晚年对世道的愤愤不平日益加深，

xiǎn zhě zhì mén huò jù bú nà shí xié qián zhì jiǔ sì hū xià lì
显者至门，或拒不纳。时携钱至酒肆，呼下隶
佯装疯狂的情形也比以前更严重。达官显贵登门拜访，他时常拒而不见。

yǔ yǐn huò zì chí fǔ jī pò qí tóu xuè liú pī miàn tóu gǔ jiē
与饮。或自持斧击破其头，血流被面，头骨皆
他还时常带着钱到酒馆，叫那些下人奴仆同他一起饮酒。他曾自己拿斧头

zhé róu zhī yǒu shēng huò yǐ lì zhuī zhuī qí liǎng ěr shēn rù cùn
折，揉之有声。或以利锥锥其两耳，深入寸
砍破自己的脑袋，血流满面，头骨折断，用手揉搓可以听到响声。他还曾

yú jìng bù dé sǐ zhōu wàng yán wǎn suì shī wén yì qí wú kè
余，竟不得死。周望言晚岁诗文益奇，无刻
用锋利的锥子刺入自己的双耳，深入一寸有余，却没有死。周望说文长晚

běn jí cáng yú jiā yú tóng nián yǒu guān yuè zhě tuō yǐ chāo lù
本，集藏于家。余同年有官越者，托以钞录，
年的诗文愈加奇异高妙，没有刻本传世，文集都藏在家中。我有在越地做

jīn wèi zhì yú suǒ jiàn zhě xú wén cháng jí quē biān
今未至。余所见者，《徐文长集》《阙编》
官的科举同年，曾委托他们抄录文长的诗文，至今没有得到。我所见到的，

èr zhǒng ér yǐ　　rán wén cháng jìng yǐ bù dé zhì yú shí　bào fèn ér
二种而已。然文长竟以不得志于时，抱愤而

只有《徐文长集》《阙编》两种而已。而今文长竟因为一生不得志，抱愤

zú
卒。

而死。

① 佯狂：佯装疯癫。徐文长晚年时，胡宗宪遭人弹劾下狱，后病
死狱中。徐文长怕受牵连，佯装癫狂，没想到最后却真的癫狂了。

shí gōng　　 yuē　　 xiān shēng shù jī bù yǐ　　 suì wéi kuáng jí
石公①曰：先生数奇不已，遂为狂疾。

石公说：徐文长先生命途多舛，致使他得了癫狂病。癫狂病不断发作，

kuáng jí bù yǐ　 suì wéi líng yǔ　　　　gǔ jīn wén rén láo sāo kùn kǔ
狂疾不已，遂为囹圄②。古今文人牢骚困苦，

又导致他进了监狱。从古至今文人的牢骚怨愤和遭受到的困苦，没有像徐文

wèi yǒu ruò xiān shēng zhě yě　　suī rán　　hú gōng jiàn shì③ háo jié
未有若先生者也。虽然，胡公间世③豪杰，

长先生这样的了。虽然如此，仍有胡公这样隔几世才出一个的豪杰，世宗这

yǒng líng yīng zhǔ　　mù zhōng lǐ shù yì děng　　shì hú gōng zhī yǒu xiān shēng
永陵英主，幕中礼数异等，是胡公知有先生

样的英明皇帝赏识他。徐文长在胡公幕府中受到特殊礼遇，这说明胡公是赏

yǐ　biǎo shàng　rén zhǔ yuè　　shì rén zhǔ zhī yǒu xiān shēng yǐ　dú④
矣；表上，人主悦，是人主知有先生矣。独④

识先生的。奏表呈上以后，皇帝非常高兴，这说明皇帝也赏识先生。只是先

shēn wèi guì ěr　　xiān shēng shī wén jué qǐ　　yì sǎo jìn dài wú huì zhī
身未贵耳。先生诗文崛起，一扫近代芜秽之

生自身没有显贵起来罢了。先生诗文的崛起，一扫了近代文坛杂乱、污秽的

<ruby>习<rt>xí</rt></ruby>，<ruby>百<rt>bǎi</rt></ruby><ruby>世<rt>shì</rt></ruby><ruby>而<rt>ér</rt></ruby><ruby>下<rt>xià</rt></ruby>，<ruby>自<rt>zì</rt></ruby><ruby>有<rt>yǒu</rt></ruby><ruby>定<rt>dìng</rt></ruby><ruby>论<rt>lùn</rt></ruby>，<ruby>胡<rt>hú</rt></ruby><ruby>为<rt>wèi</rt></ruby><ruby>不<rt>bú</rt></ruby><ruby>遇<rt>yù</rt></ruby><ruby>哉<rt>zāi</rt></ruby>？

风气，百世之后，自有公论，又怎么能说他生不逢时、困厄不遇呢？

①石公：袁宏道自称。②囹圄：监狱。③间世：世上罕见。④独：只是，不过。

<ruby>梅<rt>méi</rt></ruby><ruby>客<rt>kè</rt></ruby><ruby>生<rt>shēng</rt></ruby>①<ruby>尝<rt>cháng</rt></ruby><ruby>寄<rt>jì</rt></ruby><ruby>予<rt>yú</rt></ruby><ruby>书<rt>shū</rt></ruby><ruby>曰<rt>yuē</rt></ruby>：“<ruby>文<rt>wén</rt></ruby><ruby>长<rt>cháng</rt></ruby><ruby>吾<rt>wú</rt></ruby><ruby>老<rt>lǎo</rt></ruby><ruby>友<rt>yǒu</rt></ruby>，

梅客生曾经写信给我说：“文长是我的老朋友，他的病比他的人还

<ruby>病<rt>bìng</rt></ruby><ruby>奇<rt>qí</rt></ruby><ruby>于<rt>yú</rt></ruby><ruby>人<rt>rén</rt></ruby>，<ruby>人<rt>rén</rt></ruby><ruby>奇<rt>qí</rt></ruby><ruby>于<rt>yú</rt></ruby><ruby>诗<rt>shī</rt></ruby>。”<ruby>余<rt>yú</rt></ruby><ruby>谓<rt>wèi</rt></ruby><ruby>文<rt>wén</rt></ruby><ruby>长<rt>cháng</rt></ruby><ruby>无<rt>wú</rt></ruby><ruby>之<rt>zhī</rt></ruby><ruby>而<rt>ér</rt></ruby><ruby>不<rt>bù</rt></ruby>

要怪，他的人又比他的诗还要怪。”我则认为文长是没有一处地方不奇怪的。

<ruby>奇<rt>qí</rt></ruby><ruby>者<rt>zhě</rt></ruby><ruby>也<rt>yě</rt></ruby>。<ruby>无<rt>wú</rt></ruby><ruby>之<rt>zhī</rt></ruby><ruby>而<rt>ér</rt></ruby><ruby>不<rt>bù</rt></ruby><ruby>奇<rt>qí</rt></ruby>，<ruby>斯<rt>sī</rt></ruby>②<ruby>无<rt>wú</rt></ruby><ruby>之<rt>zhī</rt></ruby><ruby>而<rt>ér</rt></ruby><ruby>不<rt>bù</rt></ruby><ruby>奇<rt>qí</rt></ruby><ruby>也<rt>yě</rt></ruby>。<ruby>悲<rt>bēi</rt></ruby>

正因为没有一处不奇怪，所以也就注定他到处不得志啊。令人悲哀呀！”

<ruby>夫<rt>fú</rt></ruby>！

①梅客生：梅国桢，字客生，万历进士，官至兵部侍郎。②斯：连词，就，乃。

━━━━━━━━ 深入浅出读古文 ━━━━━━━━

　　徐文长即徐渭，明代著名的文学家、书法家和画家。本篇传记记叙徐渭生平和他在文学艺术上的成就，感叹他怀才不遇的坎坷命运，字里行间无不透露着作者对他的深深惋惜和深切同情。本文欲抑先扬，开头将徐渭称赞到极点，但是后面一个"然数奇"，又把他从顶处高高摔下，一扬一抑，顿生突兀，也由此奠定了文章的基调——起伏跌宕。本文中间部分写徐渭的生平事迹，生动传神，这跟对比手法的运用有关。如说徐渭在胡宗宪幕府的时候，将徐渭跟介胄之士作比较，突出徐渭的孤傲和与众不同。文章最后连用五个"奇"字衬尾，而这个"奇"字也贯穿了全文，是典型的一字立骨的写法。

❀知识加油站❀

成语词汇

　　膝语蛇行：指跪着说话，伏地而行。极言其畏服。（选自文句："介胄之士，膝语蛇行，不敢举头，而文长以部下一诸生傲之，议者方之刘真长、杜少陵云。"）

　　托足无门：指没有落脚安身之处。（选自文句："其胸中又有勃然不可磨灭之气，英雄失路、托足无门之悲，故其为诗，如嗔如笑，如水鸣峡，如种出土，如寡妇之夜哭，羁人之寒起。"）

wǔ rén mù bēi jì

五人墓碑记

明 张溥

作者档案

张溥（1602年—1641年），字天如，太仓州（今江苏太仓）人，崇祯四年（1631年）进士。与同乡张采齐名，时称"娄东二张"。曾写过很多抨击明末宦官专权及腐败政治的文章，在当时影响很大。

wǔ rén zhě　　gài dāng liǎo zhōu zhōu gōng　zhī bèi dài　　jī yú
五人者，盖当蓼洲周公①之被逮，激于
这五个人，就是周公蓼洲被捕时，激于义愤而死的。到了现在，吴

yì ér sǐ yān zhě yě　zhì yú jīn　　jùn zhī xián shì dà fū qǐng yú dāng
义而死焉者也。至于今，郡之贤士大夫请于当
郡的贤士大夫向执政者请示，准予他们清理魏忠贤的废祠旧基来安葬他们，

道，即除魏阉^②废祠之址以葬之，且立石于其

并且在他们的墓门前立碑，来表扬他们的事迹。啊，这也算是够隆重的了！

墓之门，以旌其所为。呜呼，亦盛矣哉！

① 蓼洲周公：即周顺昌，号蓼洲，吴县（今江苏苏州）人。天启六年（1626年），因对魏忠贤不满，周顺昌被捕遇害。② 除：修治。魏阉：魏忠贤，他借着明熹宗醉心于做木工活而不理朝政的时机，独揽大权，残害忠良。

夫五人之死，去今之墓^①而葬焉，其为

五人的死，距离现在为他们修墓安葬，时间不过十一个月罢了。在

时止十有一月耳。夫十有一月之中，凡富贵之

这十一个月当中，那些富贵的人，官运亨通的人，因为患病而死，死了就湮

子，慷慨得志之徒，其疾病而死，死而湮没不

没于世、不足称道的，也是很多的了，何况那些生活在草野之中的普通人呢？

足道者，亦已众矣，况草野^②之无闻者欤？独

唯独这五个人，在死后仍然美名昭著，这是为什么呢？

五人之皦皦^③，何也？

① 去：距离。墓：用作动词，即修墓。② 草野：指民间，与"朝廷""廊庙"相对。③ 皦皦：明亮的样子。

予犹记周公之被逮，在丁卯三月之望。

我还记得周公被捕，是在丁卯年三月十五日。我们复社里那些道德

吾社①之行为士先者，为之声义②，敛资财以

品行可以作为读书人表率的人，替他申张正义，募集钱财为他送行，哭声震

送其行，哭声震动天地。缇骑③按剑而前，

天动地。这时前来抓人的差役按着剑上前问道："谁在为他哭？"大家不能

问："谁为哀者？"众不能堪，抶④而仆之。

忍受，把他们打倒在地。这时以大中丞官衔作巡抚的毛一鹭，是魏忠贤的心

是时以大中丞抚吴者，为魏之私人，周公之

腹，周公的被捕就是由他主使的。吴郡的百姓正对他切齿痛恨，于是趁他厉

逮所由使也。吴之民方痛心焉，于是乘其厉

声呵斥的时候，就呼喊起来，一起追打他，他躲到厕所里才得以逃脱。不久，

声以呵，则噪而相逐，中丞匿于溷藩⑤以

他以吴郡百姓暴动的罪名请奏朝廷，追究这件事，处死了五个人，他们是：

免。既而以吴民之乱请于朝，按诛⑥五人，

颜佩韦、杨念如、马杰、沈扬、周文元，就是现在并排埋在坟墓里的人。

曰：颜佩韦、杨念如、马杰、沈扬、周文元，

即今之傫然⑦在墓者也。

① 吾社：张溥等人所组织的文社"应社"。 ② 声义：伸张正义。
③ 缇骑：指明代特务机关逮捕人犯的吏役。 ④ 抶：笞打。 ⑤ 溷：
厕所。藩：篱笆。 ⑥ 按诛：追究案情判定死罪。按：审查。 ⑦ 傫然：
堆积的样子。傫：通"累"。

rán wǔ rén zhī dāng xíng yě　　yì qì yáng yáng　　hū zhōng chéng zhī
然五人之当刑也，意气扬扬，呼中丞之
这五个人受刑的时候，意气昂扬，喊着巡抚的名字大骂，谈笑着死去。

míng ér lì　zhī　　tán xiào yǐ sǐ　　duàn tóu zhì chéng shàng　yán sè
名而詈①之，谈笑以死。断头置城上，颜色
被砍下的头颅挂在城上，神色没有一点儿改变。有几位贤士大夫拿出了五十

bù shǎo biàn　　yǒu xián shì dà fū fā wǔ shí jīn　　mǎi wǔ rén zhī dòu ér
不少变。有贤士大夫发五十金，买五人之脰而
两银子，买了五人的头颅用匣子盛好，最后同尸身合在一起。所以现在的墓

hán zhī②　　zú yǔ shī hé　　gù jīn zhī mù zhōng　quán hū wéi wǔ rén
函之②，卒与尸合。故今之墓中，全乎为五人
中，是五个人完整的遗体。

yě
也。

① 詈：骂。 ② 脰：头颅。函之：用匣子装好。

jiē fú　dà yān①　zhī luàn　　jìn shēn②　ér néng bú yì qí
嗟夫！大阉①之乱，缙绅②而能不易其
唉！在魏忠贤乱政的时候，当官而能够不改变自己的志节的，这天

zhì zhě　　sì hǎi zhī dà　　yǒu jǐ rén yú　　ér wǔ rén shēng yú biān
志者，四海之大，有几人欤？而五人生于编
下又能有几人呢？而这五个人出身平民，平时没有受到过诗书的教育，却能

wǔ ③　　zhī jiān　　sù bù wén shī shū zhī xùn　　jī áng dà yì　　dǎo sǐ

伍③之间，素不闻诗书之训，激昂大义，蹈死

慷慨激昂地伸张正义，踏上死路而不反顾，这又是什么缘故呢？况且当时假

bú gù　　　yì hé gù zāi　　qiě jiǎo zhào　　fēn chū　　gōu dǎng zhī bǔ

不顾，亦曷故哉？且矫诏④纷出，钩党之捕，

传的诏书纷纷下达，对受牵连的东林党人的抓捕，遍布了全国，终于因为我

biàn yú tiān xià　　zú yǐ wú jùn zhī fā fèn yì jī　　bù gǎn fù yǒu zhū

遍于天下，卒以吾郡之发愤一击，不敢复有株

吴郡百姓愤怒抗击，使他们不敢再株连治罪。魏忠贤也因此害怕人民的正义

zhì　　dà yān yì qūn xún⑤　　wèi yì　　fēi cháng zhī móu　　nán yú cù

治。大阉亦逡巡⑤畏义，非常之谋，难于猝

力量而畏缩，篡夺帝位的阴谋，难于立刻发动。等到崇祯皇帝即了位，魏忠

fā⑥　　dài shèng rén⑦　　zhī chū　　ér tóu huán⑧　　dào lù　　bù kě wèi

发⑥。待圣人⑦之出，而投缳⑧道路，不可谓

贤就在放逐的路上自缢而死，这不能不说是这五个人的功劳啊！

fēi wǔ rén zhī lì yě

非五人之力也！

①大阉：指魏忠贤。　②缙绅：原是插笏于带的意思，后转用为官宦的代称。③编伍：平民。④矫诏：假托的皇帝诏书。⑤逡巡：徘徊不进、迟疑的样子。　⑥猝发：突然发动。　⑦圣人：指崇祯皇帝，他即位后，尽诛阉党。⑧投缳：自缢。

yóu shì guān zhī　　zé jīn zhī gāo jué xiǎn wèi　　yī dàn dǐ

由是观之，则今之高爵显位，一旦抵

由此看来，那么今天那班职高位显的高官们，一旦因获罪而接受惩

zuì　　huò tuō shēn yǐ táo　　bù néng róng yú yuǎn jìn　　ér yòu yǒu jiǎn

罪，或脱身以逃，不能容于远近，而又有剪

治时，有的脱身逃跑，不能被远近的人收留；有的剃发为僧，闭门不出，假

143

发杜门，佯狂不知所之者。其辱人贱行①，
_{装疯狂而不知逃往何处。他们可耻的人格，卑劣的行为，比起这五个人的死}

视五人之死，轻重固何如哉？是以蓼洲周
_{来，究竟哪个伟大，哪个渺小呢？因此周公蓼洲，忠义得到朝廷褒扬，得到}

公，忠义暴于朝廷，赠谥美显，荣于身后；
_{皇上追赠的谥号，美名远扬，死后荣耀无比；而这五个人也得以修建大墓重}

而五人亦得以加其土封，列其姓名于大堤之
_{新安葬，并将他们的姓名并排刻在这大堤之上。凡是四方过往的行人，没有}

上。凡四方之士，无有不过而拜且泣者，斯固
_{不到他们的墓前跪拜哭泣的，这真是百代难得的际遇呀！要不是这样，假使}

百世之遇也！不然，令五人者保其首领，以
_{这五个人都保全了他们的头颅，老死在家里，尽享天年，但人人都可以把他}

老于户牖②之下，则尽其天年，人皆得以隶
_{们当作仆役来使唤，怎么能够使英雄豪杰们拜倒在他们的墓前，在墓前扼腕}

使之③，安能屈④豪杰之流，扼腕墓道，发其
_{痛惜，发出悲叹呢？所以，我和同社的各位先生，为这座墓空有石碑没有碑}

志士之悲哉？故予与同社诸君子，哀斯墓之徒
_{文而感到难过，就写了这篇碑记，也借以说明死生的重大意义，以及平民百}

有其石⑤也，而为之记，亦以明死生之大，
_{姓对于国家的重要性。}

pǐ fū zhī yǒu zhòng yú shè jì yě
匹夫之有重于社稷也。

①辱人贱行：可耻的人格，卑贱的行为。 ②户牖：门窗，门户，借指家。户：门。牖：窗。 ③隶使之：当作仆隶一样差使他们。隶：名词用作状语，像对待奴仆那样。 ④屈：使屈身。 ⑤石：墓碑。

xián shì dà fū zhě   jiǒng qīng yīn zhī wú gōng   tài shǐ wén qǐ wén
贤士大夫者：冏卿因之吴公，太史文起文

文中提到的那几位贤士大夫是：太仆寺卿吴公因之，太史文公文起

gōng   mèng cháng yáo gōng yě
公，孟长姚公也。

和姚公孟长。

深入浅出读古文

明朝末年，政治黑暗，以魏忠贤为代表的宦官专权，对正直的士大夫进行残酷镇压，杨涟、左光斗、魏大中等先后被杀，周顺昌仅仅因为招待过路经苏州的魏大中，也被拘捕杀害。周顺昌被捕时，对阉党已是切齿痛恨的苏州百姓终于不胜愤怒，万人群起，攻击差役。事后，官府捕杀五个百姓示众。本篇是作者在阉党倒台后，为五位殉难者所写的墓碑记，文中叙述了事件的经过，歌颂了五人的深明大义、死得其所。

本文夹叙夹议，通过叙事而引出议论，表达出作者对五位义士的钦佩和痛惜，以及对魏阉的愤怒。除此之外，文章最大的亮点是层层对比，通过多方面对比，突出人物

的性格特点，显示了五人从容就义的精神。这种写法既可以突出五位义士的高尚形象，又能增强文章的气势。

知识加油站

"七录斋"的由来

张溥小时侯特别爱学习，所读的书必定亲手抄，抄完了，朗诵一遍，就把所抄的书稿烧掉；再抄再读再烧，如此反复六七次才停止。后来张溥就把读书的书房叫"七录斋"。

阅读与思考

读完《项羽本纪赞》，你有哪些感想或收获？

_____

_____

_____

_____

_____

_____

为了尊严，伯夷和叔齐双双饿死，你觉得值得吗？请说说理由。

_____

_____

_____

_____

_____

阅读与思考

读了《屈原列传》，你觉得屈原是个怎样的人？

_____

_____

_____

_____

_____

_____

在《五人墓碑记》中，从五位义士身上，你获得了哪些精神力量？

_____

_____

_____

_____

_____

_____